M. AMBROISE RENDU

ET

L'UNIVERSITÉ DE FRANCE

2803

OUVRAGES DU MÊME AUTEUR.

L'Italie devant la France. In-12. 1849.

Conditions de la paix dans les États romains. In-8°. 1849.

L'Italie et l'empire d'Allemagne. Étude lue à l'Académie des sciences morales et politiques. In-8°. 1858.

L'Autriche dans la Confédération italienne. In-8°. Juillet 1859.

Notice sur la sœur Rosalie Rendu. 1856.

Notice sur Mgr Rendu, évêque d'Annecy. 1858.

De la loi de l'enseignement. In-8° de 600 pages. 1850.

De l'enseignement obligatoire, mémoire présenté à l'Empereur. In-8°. 1853.

De l'instruction primaire à Londres, dans ses rapports avec l'état social. In-8°. 1853.

De l'éducation populaire dans l'Allemagne du nord, et de ses rapports avec les doctrines philosophiques et religieuses. In-8° de 500 pages. 1855.

Modèles de leçons pour les salles d'asile. In-12. 1855.

Guide des salles d'asile. In-8°. 1860.

Manuel de l'enseignement primaire. In-12. Huitième édition. 1861.

L'Ami de l'enfance, journal des salles d'asile. 3ᵉ série; publiée sous la direction de M. Eugène Rendu. 6 vol. in-8° depuis 1854.

Paris. — Imprimerie de Ch. Lahure et Cie, rue de Fleurus, 9.

M. AMBROISE RENDU

ET

L'UNIVERSITÉ DE FRANCE

PAR

EUGÈNE RENDU

....*Professione pietatis aut laudatus aut excusatus.*
(TACITE, *Agricola*.)

PARIS

FOURAUT   E. DENTU

RUE SAINT-ANDRÉ-DES-ARCS, 47   GALERIE D'ORLÉANS, 13 (PALAIS-ROYAL)

1861

AMBROISE RENDU

Mon ami, tu as recueilli cette portion du domaine paternel .que Tronchet, le grand jurisconsulte, regrettait, en 1808, de voir sacrifier à l'Université et à M. de Fontanes. En inscrivant ton nom en tête de ces pages, je te les dédie comme un témoignage de notre union fraternelle, et d'une commune fidélité à des traditions qui sont notre honneur.

EUGÈNE RENDU.

12 mars 1861.

M. AMBROISE RENDU

ET

L'UNIVERSITÉ DE FRANCE.

On n'a pas coutume d'attendre d'un fils qu'il écrive la vie de son père. La plume que tient une main filiale ne paraît plus maîtresse d'elle-même ; et le jugement que dicte la tendresse risque de passer pour une forme adulatrice, alors encore qu'il n'est, dans sa réserve, que la sincère expression de la vérité.

Je vois ce péril, et pourtant je l'affronte. Je n'ai point, en effet, à offrir à la mémoire de mon père de ces éloges que contesterait la passion. Dans sa longue et noble carrière, M. Ambroise Rendu n'a jamais été mêlé aux combats de la vie politique. Comme il en a fui l'éclat, il en a évité les rigueurs ; et les récriminations des partis ne viennent troubler, sur sa tombe, ni la sincérité des hommages ni l'unanimité des regrets. En rédisant la vie de mon père, je rappellerai donc des œuvres que tous acceptent, parce que tous en bénissent les fruits. Et si la louange vient à se dégager de cet exposé même, elle apparaîtra non plus comme l'illusion de la piété filiale, mais comme un témoignage que l'esprit porte naturellement en pré- sence de la beauté morale. Mes appréciations resteront au-dessous des jugements que, du vivant de celui que je pleure, inspira le sentiment de la justice[1]; et plusieurs de ceux qui l'ont le mieux connu se diront, j'en suis sûr, en contemplant le tableau que va tracer ma main : « On eût pu y ajouter bien des traits ! »

1. Diverses notices biographiques.

I

Ambroise-Marie-Modeste Rendu naquit à Paris le 25 octobre 1778. Sa famille, qui depuis plusieurs siècles avait donné des magistrats aux parlements et des prêtres distingués à l'Église, était originaire du pays de Gex (département de l'Ain). Pendant qu'une branche[1] venait s'établir à Paris (1750), l'autre branche restait fidèle au sol natal et y continuait (à Confort) les honorables traditions du notariat. C'est à cette branche qu'était réservée la gloire de donner à la vieille monarchie française un martyr, Antoine Rendu, syndic de Bourg, fusillé à Lyon en 1793; à la société chrétienne une héroïne de la charité, l'illustre sœur Rosalie; à l'Église un grand évêque qui fut aussi un savant de premier ordre, Mgr Rendu, enlevé il y a deux années à l'amour du diocèse d'Annecy, et à la reconnaissance de la Savoie.

Ambroise Rendu puisa au foyer domestique ces fortes maximes qui faisaient de certaines familles de l'ancienne bourgeoisie des sociétés à part au sein de la société générale, et qui, les entourant d'un infranchissable rempart d'austérité, les défendait contre le contact de tout ce qui n'était pas travail, piété, accomplissement des devoirs de la profession. Son père, Sébastien Rendu, l'un des notaires de Paris les plus respectés, dans un temps où le notariat était une sorte de magistrature, l'éleva, lui et ses quatre frères, dans cette

1. Un membre de cette branche, l'abbé Henry Rendu, fut chanoine de Clermont (Oise), et directeur du collége de cette ville en 1780.

religieuse atmosphère que le souffle du dehors était impuissant à troubler. Un précepteur imbu lui-même des sévères idées de Port-Royal dirigea, sous l'œil paternel, pendant la tempête révolutionnaire, l'éducation classique de ces jeunes gens. Des études où se glissaient bien peu de distractions portèrent rapidement leurs fruits : à dix-sept ans, Ambroise Rendu possédait, avec les littératures anciennes et la grande littérature française, la connaissance très-rare alors, parmi nous, de la langue allemande; il y joignait celle de l'hébreu. De plus, il avait suffisamment approfondi les sciences exactes pour être en état de se présenter à l'École polytechnique; il y fut admis avec son frère aîné (le baron Rendu, depuis procureur général près la Cour des comptes) l'année même de la fondation du célèbre établissement.

Ambroise Rendu fut alors frappé d'un grand malheur : il perdit son père. Mais ce père lui laissait, en mourant, deux trésors : d'abord une mère admirable, capable par son esprit élevé de faire comprendre à des jeunes gens les grandeurs de la vie chrétienne, et, par sa vertu douce, de la faire aimer; puis, le culte de cette maxime qui était sa loi : *avant tout le devoir!* Sébastien Rendu n'avait enseigné à sa famille que ce qu'il avait pratiqué lui-même; et ses fils, longtemps après sa mort, se plaisaient à raconter ce trait de la vie du rigide notaire. Celui-ci voit un jour entrer dans son cabinet deux personnes; l'une d'elles était le héros futur de l'affaire du *Collier de la Reine*, l'abbé d'Espagnac. On cause quelque temps; puis tout à coup : « Monsieur Rendu, dit l'abbé, j'ai *besoin que vous connaissiez* monsieur, et maintenant vous le connaissez en effet; un simple *oui* de votre bouche suffira, et ce *oui* équivaut pour vous à 300 000 livres. » Et il sortit. Trois jours après, nouvelle visite de l'abbé d'Espagnac, accompagné cette fois d'une personne de plus. « Vous connaissez monsieur, fit le nouveau venu, s'adressant au notaire? — J'ai vu monsieur une fois, répondit M. Rendu, mais je ne le connais d'aucune sorte. »

La carrière des sciences s'ouvrait devant Ambroise Rendu, quand une exigence du Directoire força le jeune homme à opter entre le respect de convictions de famille qui étaient les siennes, et la renonciation à de justes espérances : le serment de *haine à la royauté* fut demandé à tous les élèves de l'École polytechnique.

Ambroise Rendu n'hésita pas. Il quitta l'École avec son frère et avec un ami, son futur collègue, Gueneau de Mussy, comme *indigne de profiter de l'éducation républicaine qui lui était accordée par la nation*[1].

L'acte de courage qui paraissait briser la carrière du jeune homme lui ouvrit au contraire la voie qu'il devait parcourir. En le poussant du côté du droit et des lettres, l'échec qui semblait devoir le déconcerter lui fit rencontrer le maître illustre qui allait être le protecteur de ses débuts, M. de Fontanes.

Au lendemain de la Terreur, l'auteur du *Jour des Morts* et de *La Chartreuse*, le traducteur de *Pope*, avait vu son nom inscrit sur la liste de l'*Institut national*; il venait d'être nommé professeur de belles-lettres à l'École centrale des *Quatre-Nations*. Ambroise Rendu fréquenta assidûment ses cours. M. de Fontanes distingua promptement son nouvel élève. Il aima en lui, avec une science précoce, cette grâce élégante de l'esprit et cette candeur de l'âme que révélait si bien la noblesse pure et régulière des traits du jeune homme. Dès cette époque, par la tournure de son intelligence comme par l'expression de sa physionomie même, Ambroise Rendu semblait un disciple du grand siècle cherchant à exprimer la pensée austère de Bossuet et de Pascal dans la langue de Fénelon. M. de Fontanes se sentit attiré comme par des liens de parenté intellectuelle vers cette douce et forte nature; et l'estime du maître pour l'élève devint bientôt une véritable affection paternelle. Le futur chef de l'Université se plaisait à diriger de près les travaux scolaires du futur conseiller. Quelques billets de cette époque, de la main de M. de Fontanes, ont été conservés. L'un d'eux est ainsi conçu :

« Je suis obligé de partir tout à coup pour la Normandie; je reviens dans huit jours. Repassez, en attendant, nos leçons de Virgile; faites des extraits de Milton, d'Homère; perfectionnez vos vers sur l'Éden, et achevez votre fable de Pandore. Adieu, mon ami, les choses les plus tendres à vos frères.

Macte viam, generose puer. »

1. La lettre originale d'expulsion (18 pluviôse an IV.) que nous avons entre les mains contient ce curieux passage : « Je vous invite en conséquence à me renvoyer le plus tôt possible le portefeuille et la garniture de compas qui vous ont été remis. Si contre mon attente *vous différiez à faire le renvoi que je vous demande, vous sentez* que je serais obligé d'avoir recours aux moyens que la police peut fournir en pareil cas; mais j'espère que vous ne me mettrez point dans cette pénible nécessité. »

Dans une autre lettre, l'homme illustre dit à l'étudiant :

« J'applaudis de tout mon cœur, mon jeune ami, à vos travaux et à vos projets. Je reconnais dans votre dernière lettre le goût de l'étude et le sentiment de la vertu qui m'ont attaché à vous dès nos premières entrevues. Vous sentez tous les avantages de la jeunesse et vous en profitez : le jeune homme qui de bonne heure a cultivé son âme et sa raison est maître de l'avenir. »

Le 18 fructidor éclate. M. de Fontanes quitte la France. D'Angleterre, où il converse avec Chateaubriand; d'Allemagne, où il prépare un poëme, l'exilé n'oublie pas son *jeune ami*. Je trouve cette lettre écrite *d'une solitude profonde près de la mer Baltique* (Hambourg); elle porte la trace d'une sorte de découragement personnel, au milieu même des conseils que l'affection prodigue :

« .... J'ai reconnu votre cœur, et les exemples de votre famille. Vous ne tromperez point mes espérances. Cultivez vos talents, et les qualités de votre âme, qui valent mieux que les talents.... Profitez des malheurs universels pour exercer de bonne heure votre courage. Vous êtes encore à l'âge du bonheur : méritez-le par vos vertus et par votre amour pour votre respectable mère. Quand vous serez heureux, je partagerai toutes vos joies. Si le bonheur s'éloigne (car il est inconstant, mon jeune ami), je vous consolerai, comme vous me consolez en ce moment par votre souvenir.

« Des jours plus heureux peuvent luire encore, où j'oublierai les peines de l'exil; elles sont amères, ne les éprouvez jamais; vivez toujours près des amis de votre enfance. Adieu, je vous embrasse tendrement. »

La lettre qui suit est fort curieuse. La doctrine littéraire de M. de Fontanes et, l'on peut dire, de son époque, s'y trouve résumée tout entière :

« .... Je vous exhorte à cultiver encore plus la littérature ancienne que celle des peuples modernes. Cette dernière a sans doute des beautés réelles, et je suis loin de vouloir qu'on la néglige; mais les Grecs et les Romains sont les modèles éternels du bon sens et du bon goût dans l'art d'écrire et de penser. Jusqu'ici les Français m'en paraissent les seuls et véritables successeurs. J'entends les Français du beau siècle de Louis XIV, et quelques-uns de leurs disciples dans le nôtre.

« Les Anglais, continue le régulateur futur de l'enseignement public en France, ont quelques productions d'un génie original qu'il faut savoir connaître et juger. Les Allemands, leurs imitateurs et non leurs égaux, méritent aussi d'être étudiés à leur rang. Vous trouverez dans la langue germanique une abondance qui n'est pas toujours de la richesse, et un genre d'énergie qu'il ne faut pas, je crois, confondre avec la véritable force. »

Puis vient cette singulière préférence :

« Gessner a reproduit des sentiments dignes d'un noble cœur. Je ne suis pas surpris que vous l'aimiez. Il n'est pas malheureusement aussi estimé de ses compatriotes que de notre patrie. »

L'Allemagne étudiée à *son rang!* Voilà qui est hautain plus que de raison, peut-être. Au moment où M. de Fontanes, qui vient à peine de quitter le sol germanique, ne trouve à laisser tomber de sa plume que le nom de l'auteur des *Idylles*, Schiller avait donné son œuvre presque entière; Goethe était déjà, sans parler de *Werther*, le créateur des *Lieder*, d'*Iphigénie*, d'*Egmont*, de *Torquato Tasso*, du premier *Faust*. Il est grand temps, on ne peut s'empêcher de le dire, que Mme de Staël vienne parler de l'Allemagne à la France!

M. de Fontanes terminait la lettre précédente par ces mots :

« Je vous embrasse tendrement. Ma situation ne change point. Le travail, le courage, la patience et l'amitié de ceux qui vous ressemblent me consolent. »

Cette situation changea bientôt. Après le 18 brumaire, M. de Fontanes accourt à Paris; il entre directement en rapport avec le premier consul par la lettre célèbre qui commence ainsi : « Je suis opprimé; vous êtes puissant, je demande justice; » est chargé de prononcer l'éloge de Washington, et profite du mouvement que commence à déterminer le reflux de la Révolution pour créer un organe de la réaction doctrinale dont il est le chef; il appelle à lui l'abbé Delille et Laharpe, puis les hommes dont la parole va diriger le siècle, Chateaubriand, Joubert, de Bonald, et ouvre la lutte contre la *décade philosophique* en annonçant le *Génie du christianisme* . c'était glorieusement consacrer le *Mercure*.

Dans ce groupe d'élite, les talents d'Ambroise Rendu et ses ardentes convictions, par-dessus tout l'affection de M. de Fontanes, lui assuraient naturellement une place. Le jeune homme de vingt-deux ans l'occupa, dès le premier jour, avec une autorité que la maturité de son esprit consacrait, à défaut de l'âge. Ambroise Rendu apparaît, dans la direction du *Mercure*, comme le *lieutenant* de M. de Fontanes. Nombre de billets du maître datés des années 1800 et 1801 marquent la part que le grave jeune homme avait su se faire, au milieu d'illustres confrères :

« .... A mon retour, je vous donnerai quelques pages, » écrit un jour M. de Fontanes à l'intime ami d'Ambroise Rendu, M. Gueneau de Mussy, qui l'avait suivi au *Mercure*. « Je n'ai pas besoin de vous recommander une extrême circonspection. Rendu est la prudence même. Il faut que chaque mot soit pesé dans sa balance. » .... « D'ailleurs, » continue en des termes qu'il convient de noter, le futur grand maître, « nous ne devons pas hurler, comme certains journaux, contre les philosophes, mais leur donner des ridicules. Ceci est plus efficace ; ils ne craignent que le mépris. Ils se félicitent des excès de Geoffroy, qui passe toute mesure et toute pudeur. »

« J'ai trouvé votre article sur la *Belgique* excellent, » écrit-il à Ambroise Rendu (26 septembre 1801). « Je me repose absolument de tout sur vous.... Je tâcherai de suppléer aux coopérateurs qui nous manquent. »

« Mon cher enfant, » porte un autre billet, « soignez le *Mercure*, et pour la partie typographique et surtout pour la correction du style. »

Et le priant, — « du milieu des grands chemins où je cours la poste, » — de veiller à la correction des épreuves d'une de ses pièces de vers :

« Il devrait y avoir un double supplice, » ajoute gaiement le poëte, qui se sent imprimé tout vif, « pour tout prote qui défigure les vers. Je me confie à vous et à Gueneau, et vous embrasse tous deux. »

De cette confraternité littéraire avec Fontanes, Chateaubriand, Joubert, etc., M. Rendu avait conservé les plus intéressants souvenirs. Ayant assisté, chez l'illustre patron de sa jeunesse (1801), à la lecture des épreuves du *Génie du christianisme*, il avait pris part aux discussions de toute nature qui jaillissaient nécessairement de l'élaboration d'une telle œuvre. Sa mémoire lui fournissait de curieux renseignements au sujet de l'influence exercée par M. de Fontanes sur la direction d'esprit de l'auteur des *Martyrs*. M. de Chateaubriand, il faut le reconnaître, ne se conquit lui-même qu'au prix d'une révolution intérieure d'où sortit peut-être *René*. Son premier ouvrage, l'*Essai sur les Révolutions*, ne faisait en rien deviner le chevalier de la foi chrétienne, tant s'en faut. Les marges de ce livre avaient été chargées, pour une édition nouvelle, de notes qui, dans le futur défenseur, accusaient un ennemi. M. de Fontanes se jeta au-devant de ce génie qui s'égarait, et lui fit faire volte-face. J'entends encore mon père répétant ces paroles, adressées par son illustre ami à M. de Chateaubriand, dans un moment décisif de la crise d'où se dégagea la destinée du grand écrivain : « Vous pouvez vous mettre à la tête du siècle qui se lève, et vous vous traîneriez à la queue du siècle qui s'en va ! »

A cette époque (1800), Ambroise Rendu se trouva prendre part avec M. de Fontanes à une affaire qui, pendant quelque temps, fut la grande préoccupation du monde littéraire. Dans les premiers mois de l'année 1800, on conçut le projet de rétablir l'Académie française. Le ministre de l'intérieur, Lucien Bonaparte, entra dans cette pensée, la fit sienne, et engagea les anciens membres de l'Académie à lui soumettre un plan de reconstitution de ce corps illustre. Le troisième consul Lebrun, le ministre des affaires étrangères Talleyrand, demandaient à être portés sur la liste des élus. Un si haut patronage semblait répondre du succès de l'entreprise. Suard, Fontanes et Morellet rédigèrent une pétition au ministre. Lucien Bonaparte répondit en invitant les académiciens à se réunir; deux réunions (très-incomplètes, comme bien on pense) eurent lieu en effet, les 7 et 12 messidor [1].

Voilà ce que l'on savait jusqu'à présent de cette curieuse tentative. Mais on ne connaissait pas le plan même de réorganisation de l'Académie. Ce plan a été conservé; j'en ai la minute sous les yeux. Écrite, en entier, par le futur grand maître, cette minute porte sur l'en-tête la note qui suit, de la main de M. Rendu : *Lu et discuté avec M. de Fontanes.*

Un tel document est un précieux monument d'histoire littéraire. On y trouve la pensée du dix-huitième siècle sur les conditions que doivent remplir les candidats aux fauteuils, et aussi des jugements sommaires sur chacun des hommes qui étaient désignés comme devant prendre rang parmi les membres de l'Académie restaurée.

Voici ce document, exactement transcrit sur l'original :

SUR LA RÉNOVATION DE L'ACADÉMIE FRANÇAISE.

« L'Académie française était instituée pour conserver la tradition du bon goût, les principes de l'art d'écrire, et la pureté de la langue française. Il fallait, pour y être reçu, de beaux ouvrages, ou du moins le goût qui les juge bien. C'est pour cela qu'un homme qui, sans avoir rien publié, réunissait aux grâces de l'esprit le ton de la bonne compagnie, était souvent préféré à des écrivains plus laborieux. Cette préférence était justifiée par le but de l'institution. Si on veut renouveler ce corps littéraire, dont le génie de Richelieu avait deviné l'influence, il faut se rapprocher, autant que le permettent les circonstances, du premier esprit qui l'a fondé; on doit chercher, et parmi les cydevant académi-

1. Voy. l'intéressante *Histoire de l'Académie française*, par M. Paul Mesnard, p. 208.

ciens qui gardent encore le feu sacré, et dans les débris de l'ancienne bonne société française, les éléments d'une nouvelle composition. Voici les hommes qui devraient, ce me semble, avoir l'honneur d'être désignés :

SAINT-LAMBERT (de la cydevant Académie). Auteur du beau poëme des *Saisons*, homme de bonne compagnie, octogénaire. Il remplit toutes les conditions demandées : le talent, les grâces de la société, et la vieillesse qui suffisait quelquefois pour ouvrir l'entrée de l'Académie à des gens de lettres qui n'étaient que médiocres, mais qui avaient travaillé longtemps. Le droit de vétérance était très-justement admis comme un titre de plus.

LEBRUN. Consul, traducteur du Tasse et d'Homère.

LAHARPE. Le premier des littérateurs français. (De la cydevant Académie.)

TALLEYRAND. Homme du meilleur goût et de l'esprit le plus aimable. (De l'Institut.)

SUARD. (De la cydevant Académie.) Son esprit est connu. Il n'a écrit que quelques pages; mais toute l'urbanité française s'y retrouve. Sa préface de La Bruyère est du goût le plus élevé. Il serait un excellent secrétaire de la nouvelle Académie.

BERNARDIN DE SAINT-PIERRE, de l'Institut, et le plus éloquent disciple de Jean-Jacques Rousseau.

L'ABBÉ DE MONTESQUIOU. Homme aimable et juge propre à réunir ce qu'il y a de meilleur dans les anciennes et les nouvelles institutions. De tels noms sur une liste nationale gagnent dix mille suffrages au gouvernement, et ces suffrages lui sont les plus sûrs.

COLLIN D'HARLEVILLE, de l'Institut, notre meilleur poëte comique. Très-honnête homme.

L'ABBÉ MORELLET. (De la cydevant Académie.) Excellent grammairien, sage dialecticien, très-bon esprit. (Septuagénaire.)

SÉGUR aîné. Par les mêmes raisons que l'abbé de Montesquiou, et pour quelques bagatelles littéraires assez agréables.

DUREAU DE LA MALLE. Traducteur de Tacite. Cependant il doit être plutôt de la classe des élus que de celle des électeurs. Son nom n'est pas assez éminent pour le premier choix, quoiqu'il soit excellent dans la foule.

BOUFFLERS. (De la cydevant Académie.) Homme du monde et poëte aimable, renfermant deux des conditions requises.

DE VAINES. Ami de Turgot, et plein de l'esprit de ce grand ministre. Plusieurs morceaux épars dans les journaux prouvent son jugement et son goût.

NECKER. (S'il est rayé.) Il faut un Genevois pour plaire à la Suisse et consolider la réunion. Celui-ci est sans contredit le plus digne par l'élévation de ses idées et de son style.

PARNY. Le premier poëte élégiaque français. On lui reproche *la Guerre des Dieux*, et on a raison, mais les élégies restent. Ces élégies sont un des plus agréables monuments de notre poésie moderne. C'est un homme fort supérieur par le talent à Boufflers et à tous ceux que je viens de nommer, si vous en exceptez trois ou quatre. Il ne faut donc pas l'oublier. Il ne faut point proscrire l'auteur d'un ouvrage irréligieux, car on accueillera plus volontiers encore les écrivains qui auront respecté toutes les idées utiles à la société.

GAILLARD. (De la cydevant Académie.) Historien estimable, honnête homme. (Octogénaire.)

VOLNEY, de l'Institut (ou plutôt GARAT). Les idées de cet homme sont bizarres. Son ouvrage des *Ruines* est fondé sur l'absurde système de Dupuis. Il a fort gâté son style dans ses leçons des écoles normales. Mais le *Voyage en Syrie* est très-recommandable. C'est le premier voyageur qui ait écrit quelquefois dans le vrai style de l'histoire.

Ducis. (De la cydevant Académie et de l'Institut.) Tragique éloquent, mais trop de fois barbare.

Servan, l'ancien avocat général (si son style s'est un peu relevé, et ressemble à ses premiers mémoires en faveur d'une femme protestante).

Ramond. Pour les pages éloquentes semées en grand nombre dans son *Voyage des Pyrénées*, et ses notes sur celui de Coxe. C'est le seul observateur, le seul savant qui ait de l'imagination et du style depuis la mort de Buffon, de Vicq-d'Azir et de Condorcet.

« Il reste à rappeler dans le sein de l'Académie tous les membres qui ne sont pas nommés ici : MM. de Bissy, d'Aguesseau, Target sont encore en France; il est à souhaiter qu'on obtienne le retour du célèbre abbé Delille, et de M. Choiseul-Gouffier, qui a rendu un si grand service aux arts, et qui ne peut finir qu'en France le beau monument qu'il a commencé. Ces cinq nouveaux noms porteraient la liste à vingt-cinq; quatre ou cinq membres du gouvernement pourraient y être inscrits encore. Les dix autres (car l'Académie française doit être de quarante pour l'intérêt des souvenirs) seraient choisis dans ce qui nous reste de littérateurs un peu distingués. Je crois, par exemple, qu'une place est due à Chevalier, auteur d'un *Voyage en Troade*; c'est l'ouvrage d'un ancien plein de goût, et d'un moderne plein de sens. Il y a deux ou trois hommes peu connus, mais que je crois très-éligibles. Garat doit être un des électeurs ou un des premiers élus. On ne peut lui refuser des connaissances, beaucoup d'esprit et des pages distinguées. »

Le projet qu'on vient de lire souleva des tempêtes. Vouloir relever l'*Académie française*, cette création de la vieille monarchie, en dehors et en face de l'*Institut*, fils de la Révolution, semblait à certains personnages une intolérable audace. La lutte s'engagea; Ambroise Rendu se jeta dans la lice pour défendre le plan à la rédaction duquel il avait été associé. L'article plein de verve publié par le *Mercure* commençait ainsi :

« Depuis quelque temps, on parle, dans plusieurs journaux, de l'Académie française et de son rétablissement. Cet événement littéraire occupe certaines feuilles publiques beaucoup plus que la bataille de Marengo ou la paix de l'Europe. Ce n'est pas que les auteurs de ces articles soient plus sensibles à la gloire des lettres qu'aux succès militaires, mais les victoires appartiennent à la patrie; il n'y a rien là pour les passions et l'esprit de parti. Une société littéraire se forme; on veut opposer une digue au mauvais goût : il faut saisir cette occasion pour déclamer, pour fomenter les passions haineuses, pour laisser entrevoir que *toute la révolution n'est pas terminée*, malgré le 18 brumaire. On n'ose plus trop déraisonner en politique et en législation; il faut user, du moins, de la faculté de déraisonner en littérature; et puisqu'il n'est plus permis de proscrire, il faut s'en consoler en empêchant le bien :

« On a toujours du goût pour son premier métier. »

« .... Je voudrais, poursuivait le jeune ◦publiciste, pouvoir m'expliquer les motifs qui portent quelques hommes à redouter la formation de cette société littéraire. Diront-ils que c'est par amour pour la République? Ceux qui aiment la République veulent sa gloire ; ils veulent que cette belle langue française, la langue des Racine, des Fénelon, des Bossuet, des Voltaire, etc., etc., conserve toute sa pureté ; ils ne veulent pas que des barbares la défigurent avec un jargon révolutionnaire; comme si cet argot farouche n'avait pas dû finir avec le 18 brumaire! »

Les efforts de M. de Fontanes et de ses amis furent infructueux; le premier consul, en dépit de son frère Lucien, ne crut point le moment venu de renouveler la grande fondation de Richelieu. L'Académie française ne devait revivre, trois années plus tard, que sous le nom de *seconde classe* de l'Institut. (Décret de 1803.)

Au milieu des soucis quotidiens du journalisme littéraire, Ambroise Rendu trouvait du temps pour des travaux plus suivis. Il donnait, sans y mettre son nom, cette traduction d'*Agricola*, qui, selon de bons juges, est restée la meilleure après tant d'autres. Qu'on se reporte à ces commentaires que le dix-huitième siècle prenait pour des traductions, et l'on verra que la phrase du jeune écrivain, si énergique dans sa concision, si heureuse dans sa lutte avec la pensée de l'inimitable modèle, n'était rien moins qu'une création. Ainsi pensait M. de Fontanes, qui, charmé du succès de son *jeune ami*, et apprenant de lui qu'en même temps que cette traduction, il avait commencé (de concert avec M. Gueneau de Mussy) une édition du *Traité des Études*, lui écrivait :

« Je vous crois très-capable des deux entreprises que vous conduisez à la fois. Je ne suis point inquiet de votre destinée. Vos connaissances, votre amour du travail et vos vertus auront leur récompense. Votre place sera belle, mon cher enfant, si elle est en proportion de vos mérites et de mes vœux.... »
« Vous verrez tôt ou tard, continuait-il avec une grâce charmante, que la paresse dont on m'accuse ne s'étend pas jusqu'aux intérêts de mes amis. Adieu; de tendres souvenirs à toute votre famille. » (27 septembre 1803.)

La faveur du grand capitaine élève M. de Fontanes à la présidence du Corps législatif (1804). Ambroise Rendu ne pense même point à profiter d'une amitié qui peut maintenant voiler ses promesses sous le sourire de la toute-puissance. Il avait la noble fierté du mérite qui se connaît et s'affirme, mais qui, dédaignant d'aller au-devant de la récompense, attend que la récompense vienne à lui. Pendant que M. de Fontanes monte les degrés du pouvoir, il s'enfonce dans l'étude du droit, *consulte* avec deux célèbres avocats, MM. Poirier et Delamalle, et publie un savant ouvrage sur le *Prêt à intérêt*, où la connaissance de la législation et de la langue hébraïques s'alliait aux notions les plus ardues du droit canonique.

Cependant, ses relations continuent avec M. de Fontanes sur le pied de la plus complète intimité. Le président du Corps législatif avait ses vues sur le jeune savant; il voulait le servir selon ses plans et à son heure. Quand il apprend de lui qu'il se consacre au droit, il le laisse faire et lui écrit : « Le goût des lettres s'allie naturellement à la profession nouvelle que vous embrassez. Vous y mériterez l'estime publique et les bénédictions de votre mère. » C'était bien là toucher les deux cordes sensibles du cœur du jeune homme! Il l'encourage en même temps à ne point abandonner l'édition du *Traité des Études*. Lorsque cette édition paraît (4 volumes in-8), la sollicitude et le serrement de mains paternels ne font point défaut :

« On ne vous demandera pas, écrit alors, de Bordeaux, M. de Fontanes (15 juillet 1805); on ne vous demandera pas, mon cher enfant, comme à quelques autres: « Qu'avez-vous fait du talent que vous avez reçu? » La nature vous a fait riche, et le travail double vos richesses; je suis enchanté de votre zèle. »

Cette lettre de 1805 est d'un haut intérêt. On y trouve le jugement de M. de Fontanes sur la polémique religieuse, et l'appréciation de l'apologétique chrétienne au dix-huitième siècle, par un esprit qui donne, pour ainsi dire, la note intermédiaire entre les négations de l'école *philosophique* et l'affirmation précise du vrai croyant.

Ambroise Rendu avait fait part à son bienveillant ami d'un projet qu'il avait conçu de grouper en une sorte d'association les jeunes hommes assez résolus dans leur foi pour reprendre, sur le terrain de la stricte orthodoxie, la défense scientifique de l'Église. C'était, quarante ans à l'avance, une première ébauche du *cercle cathoque*. M. de Fontanes lui répond :

« Il n'y a rien de plus touchant que cette ligue courageuse de quelques jeunes gens éclairés et pieux en faveur des vrais principes. Vous serez leur modèle avec Philibert (Gueneau de Mussy). Faites partout de saintes recrues, mais ne mettez la lance et l'épée que dans des mains comme les vôtres.... Vous avez donc lu l'*Examen critique*, et vous l'avez lu sans danger! C'est que vous avez reçu de votre mère, comme Achille, un bouclier de trempe divine où tous les traits de l'ennemi viendront se briser. Cet *Examen critique* (autant que je puis m'en souvenir, car il y a plus de dix-huit ans que je ne l'ai lu) n'est pas sans art et sans érudition. Je sais qu'il était fort estimé dans le parti *philosophique*. Pour le combattre, il faut bien aiguiser ses armes et bien mesurer ses coups. Vous êtes digne de remporter cette victoire.

«Dans le dix-huitième siècle, l'attaque a toujours été plus forte que la défense. Si vous en exceptez l'ouvrage de l'abbé Guénée, on n'a rien écrit contre les philosophes qui soit digne de quelque estime. Ils étaient les maîtres de l'opinion, parce que tous les talents étaient presque de leur côté. Ils comptaient non-seulement Voltaire et ses disciples, mais encore Montesquieu et Buffon, quoiqu'on veuille faire croire aujourd'hui à la piété de l'auteur des *Lettres persanes* et à celle de l'auteur des *Époques de la nature.* On ne gagne rien à mentir. L'incrédulité de Montesquieu et de Buffon ne nuira pas plus au christianisme que celle de Julien, de Celse et de Porphyre. C'est un fait connu ; il faut l'avouer franchement. Auprès de ces grands noms, ceux de l'abbé Bergier et de l'abbé d'Houteville sont bien petits. Leurs apologies du christianisme ont souvent fait tort à la cause qu'ils défendaient. Une des plus grandes preuves de la religion, à mes yeux, c'est qu'elle s'est soutenue malgré ses défenseurs. » « Il faut des Fénelon et des Bossuet pour cette grande entreprise, et non des sacristains de Saint-Sulpice, ajoutait M. de Fontanes avec quelque intempérance d'expression. Vous imiterez les premiers, continuait-il finement, et prierez Dieu de faire taire les seconds. »

Ambroise Rendu, on le voit, s'entendait sous des rapports bien divers avec son illustre confident. Je n'aperçois qu'un point sur lequel un dissentiment marquât d'une nuance légère des vues d'ailleurs si conformes : M. de Fontanes gourmandait aimablement son *jeune ami* pour une inclination trop marquée vers *Messieurs* de Port-Royal. «.... Je suis pour *le Père* Bourdaloue, lui écrit-il un jour, comme pour *Messieurs* et pour Pascal. Il ne faut pas que Judas et Benjamin se divisent quand les Assyriens sont aux portes. » Et, dans une charmante lettre à M. Gueneau de Mussy, portant le timbre du Corps législatif et datée du 7 septembre 1806, on lit ce passage :

«.... Ne soyez point étonné que je vous parle de saint Jérôme et des Pères du désert. M. l'abbé de la Trappe a dîné samedi dernier chez moi. Je lui avais donné pour convives MM. Molé, de Clauzel et notre ami Ambroise Rendu. Nous avons toujours Ambroise et moi quelques querelles sur le jansénisme. D'ailleurs je ne connais pas un cœur plus élevé, un jeune homme plus instruit et plus digne d'être aimé. Celui-là n'est pas un paresseux comme vous et moi ! »

Je suis fort embarrassé de définir ce qu'on pouvait appeler *jansénisme* au commencement du présent siècle, et surtout chez un chrétien tel qu'était mon père. Je soupçonne fort qu'on habillait de ce nom de guerre deux vertus qu'il est plus facile de rendre sus-

pectes que de pratiquer : une sévère austérité de mœurs, et un
instinct de respectueuse indépendance au sein même de l'orthodoxie, soutenu par la fidélité aux grandes traditions de l'Église de
France. On peut vérifier ce jugement : dans presque toutes ses
lettres, M. de Fontanes charge instamment Ambroise Rendu
d'offrir des respects dévoués à sa vénérable mère : quelles leçons
cette sainte femme, pour qui l'homme d'État professe une sorte
de culte, a-t-elle données à son fils ? Qu'on écoute le langage d'une
de ces mères que la foi chrétienne savait former : il y a là comme
un écho de la voix de sainte Monique ; seulement celui à qui
cette voix s'adresse n'a pas à se reprocher les erreurs de saint Augustin :

« Si tu pouvais lire en moi, — écrit Mme Rendu en tête d'un cahier où ce fils
de vingt-cinq ans se proposait de consigner ses pensées quotidiennes, — les vœux
que je forme pour ton véritable bonheur, tu connaîtrais tout ce que le cœur
d'une mère tendre et chrétienne peut désirer pour ses enfants. Ce sont bien
moins, mon cher Ambroise, les biens, les honneurs de la terre que je demande
à Dieu pour toi, que tout ce qui peut te conduire à lui. Je le supplie de te préserver du péril où sont exposés tous ceux à qui il a donné des talents, et qui
ont le malheur de s'en servir pour d'autres fins que pour sa sainte gloire et
pour leur salut. Ah ! mon cher fils, demande au ciel qu'il éloigne de toi ce dé-
mon de l'amour-propre, de la vaine gloire, qui te ferait rechercher l'estime et
les louanges des hommes, préférablement à Dieu et à ce qui peut lui plaire.
N'oublie jamais, cher enfant, tout ce qu'il a fait jusqu'à présent pour toi. Il a
bien voulu *nous séparer de ce monde impie* ; il *continuera de le faire*, si nous
nous abandonnons à lui de tout notre cœur. »

Quelle sainte et forte tendresse sous ce langage antique ! mais
cette résolution de se tenir *séparés du monde*, elle et les siens, ne
constituait-elle pas chez Mme Rendu ce « jansénisme » au sujet
duquel son fils avait maille à partir avec M. de Fontanes ? Je serais tenté de le croire. Je le crois d'autant plus, que je trouve précisément dans une lettre de Philibert Gueneau de Mussy à Ambroise Rendu ce qu'on pourrait appeler la théorie janséniste. Je
veux citer quelques lignes de cette lettre de 1803. On y verra comment nos pères comprenaient la vie chrétienne, et quels étaient
ces caractères que notre temps ne connaît plus, et qu'à peine a-t-il
la force d'admirer.

Il avait été question, pour Ambroise Rendu, d'un poste d'audi-
teur au conseil d'État, où l'avait précédé un jeune homme pénétré

des mêmes traditions, Félix Lecoulteux. Gueneau de Mussy félicite ses deux amis, et il ajoute :

« Marchez donc ensemble, heureux amis. Montrez que l'on peut être des hommes de la société, *sans être des hommes du monde;* que l'on peut être éloquent et débiter un discours sans avoir été prendre des leçons au théâtre; que l'on peut être agréable et facile dans le commerce de la vie; que l'on peut avoir des manières aisées et polies, avec une piété tendre et sévère, ou autrement un *peu de jansénisme.* Vous naviguerez contre le courant des coutumes humaines, et on ne remarquera point en vous le moindre effort; vous ferez comme les hirondelles, qui rasent la surface du fleuve du bout de l'aile, sans y tremper leurs plumes, et vous en serez plus aimables et plus intéressants. »

Que dit-on de cette correspondance échangée entre jeunes gens de vingt-cinq ans ?

Voici du reste un témoignage de la manière dont Ambroise Rendu entendait le « jansénisme » dans la pratique de la vie : il écrit à sa sœur, chez qui l'austérité était plus ardente encore que chez sa mère; faisant part à cette jeune fille, dont la physionomie morale reporte la pensée vers Jacqueline Pascal, et du désir qu'il avait nourri quelque temps de se consacrer exclusivement à Dieu dans le sacerdoce, et de son changement de résolution, il lui dit :

« A toi que je pourrais alarmer par des *apparences mondaines*, je veux faire ma profession de foi, et je t'en conjure, comprends bien toute ma pensée.

« Plutôt mourir que d'offenser Dieu! Mais en vivant *pour* Dieu, songer toujours que je vis *avec* les hommes. Ne pas me venger sur les hommes de ce que je ferai pour Dieu; porter avec courage, en tout temps, en tous lieux, le beau nom de chrétien; mais *rendre ce nom aimable à force de vertus sociales.* Être fidèle à tous mes devoirs, mais ne pas me faire des devoirs de choses extraordinaires ou indifférentes. Suivre la voie étroite, mais ne pas la rétrécir encore et l'embarrasser par de vains scrupules et d'éternelles alarmes. Porter ma croix, mais à la suite de Jésus-Christ, et sans refuser les soulagements que lui-même ne dédaigna pas d'accepter sur la route du Calvaire. Opérer mon salut avec crainte parce que je suis homme, mais concevoir une grande et entière confiance parce que Dieu est l'ami tendre de l'homme : voilà à peu près comme je conçois la vie chrétienne, vie de paix et d'espérance, vie d'amour pour Dieu et d'amour pour les hommes, vie *sociale*, où, sujets aux mêmes besoins, destinés au même bonheur, notre plus clair devoir est de nous aimer, de nous secourir les uns les autres : *Qui diligit fratrem, legem adimplet.* »

Une autre fois, il dit à cette même sœur qui se jetait dans le renoncement avec une sorte d'âpreté :

« Ma bonne amie, tâchons de ressembler à notre mère qui ayant toujours enseigné la vertu, a toujours su la rendre aimable; car c'est là un point difficile. Il est aisé de s'y méprendre, et de confondre le zèle avec la dureté, l'exactitude avec la minutie, le respect pour Dieu et ses lois avec la mauvaise humeur contre les hommes. »

Si c'était là le *jansénisme*, dans certaines familles, je prie instamment qu'on nous le rende ! et je ne m'étonne pas qu'après une de leurs *querelles*, suscitée par la sévérité des principes exposés dans les *Considérations sur le prêt à intérêt*, M. de Fontanes se hâtât d'envoyer une pleine absolution à son ami : « Si l'esprit de cette *école* vous entraîne un peu loin, comme je vous porte dans mon cœur, les opinions n'influeront jamais en rien sur la tendre amitié dont je vous renouvelle l'assurance. »

Ainsi pensait M. de Bonald, qui consacrait deux articles dans le *Mercure* à l'ouvrage que nous venons de citer, et qui, écrivant à cette occasion au jeune auteur dont il acceptait la pensée austère, lui disait [1] :

> « Cet écrit fait honneur et à votre talent et à votre courage. Vous avez voulu établir la défense de l'usure par la loi religieuse, et vous avez complétement réussi : aurai-je réussi également à prouver que des raisons politiques la défendent et qu'elle est contraire à la nature des choses?... J'ai remarqué avec un extrême plaisir dans votre ouvrage, ajoutait M. de Bonald, que les autorités purement humaines ne vous en imposent pas, et que vous avez su de bonne heure vous préserver de cette idolâtrie des noms accrédités qui a été un des caractères dominants du dernier siècle. C'est là que l'indépendance des gens de lettres est bien placée ; c'est dans ce sens qu'elle est un devoir. Il faut sans doute observer des égards envers les morts, comme des procédés envers les vivants, mais il faut surtout relever les erreurs là où elles se trouvent, et ne pas se laisser intimider par des noms fameux qui, à vrai dire, doivent plutôt leur célébrité à de brillantes erreurs qu'à d'utiles vérités. »

Ambroise Rendu était tout entier à ses doubles travaux d'homme de lettres et de jurisconsulte ; il jouissait à la fois de l'intimité de M. de Fontanes et de l'affectueuse confiance de M. Poirier. Deux carrières se le disputaient donc ; et deux patrons, illustres à des titres divers, se préparaient, chacun selon ses vues, à décider d'une

---

1. Par une modestie que les mœurs littéraires d'aujourd'hui ne préparent pas précisément à comprendre, M. Rendu n'avait point mis son nom sur les *Considérations*, non plus que sur la traduction d'*Agricola*, non plus que sur l'édition du *Traité des Études*. M. de Bonald le gronde à ce sujet :

« Je vous en veux beaucoup, lui écrit-il, de m'avoir laissé dans l'ignorance sur le nom de l'auteur des *Considérations*. Vous aviez peu à craindre de ma censure, et vous étiez en droit de tout attendre de mon attachement pour vous ; et comme je les aurais lues encore avec plus d'attention, j'aurais, ce me semble, exprimé en termes plus forts le plaisir qu'elles m'avaient causé, et mon estime particulière pour l'auteur.... »

destinée à laquelle ils portaient l'un et l'autre le plus tendre intérêt, quand le décret du 17 mars 1808 constitua l'Université de France.

Quel parti prendrait Ambroise Rendu? Le choix était difficile; car M. Poirier, qui voyait dans son jeune confrère un continuateur de ses succès, faisait les plus vives instances pour l'arracher aux séductions de M. de Fontanes. Il reste un monument de cette lutte flatteuse pour le jeune homme qui en était l'objet, dans cette lettre du célèbre avocat en date du 26 mars 1808 : « Le tendre et inaltérable attachement que je porte à mon aimable confrère a seul dicté les représentations que je lui ai faites hier au soir. J'ai craint pour lui, qu'au commencement d'une carrière si belle il ne fût arrêté par des espérances d'une autre nature que celles qu'il doit concevoir à si juste titre. Comme j'ai l'intime persuasion, qu'avant dix ans il se trouvera certainement l'un des premiers jurisconsultes de la capitale, je pensais qu'il fallait tout sacrifier à cette magnifique perspective, à l'exercice d'une profession qui lui promet tant et de si brillants avantages. » Ces *brillants avantages*, cette *magnifique perspective* furent au contraire *sacrifiés*. M. de Fontanes et l'Université l'emportèrent.

II

M. Rendu, dans la préface d'un de ses principaux ouvrages [1],
retrace ainsi la création de l'Université :

« Bonaparte passait à Turin. Un jour qu'il parcourait le palais
de l'Université, fondée en 1720 par Victor-Amédée II, il se
fit présenter les statuts qui régissaient cette institution. Il y vit
quelque chose de grand et de fort qui le frappa. Cette grave autorité qui, sous le nom de *Magistrat de la Réforme*, gouvernait tout
le corps enseignant ; ce corps lui-même, uni par des doctrines
communes et librement soumis à des obligations purement civiles
qui le consacraient à l'instruction de la jeunesse comme à l'un des
principaux services de l'État; cet ordre de professeurs tous choisis parmi des agrégés nommés au concours ; cette noble confiance de la puissance souveraine qui donnait au conseil chargé
de la direction générale un droit permanent de législation intérieure
et de continuel perfectionnement ; tout ce plan d'éducation établi
sur la base antique et impérissable de la foi chrétienne ; tout cela
lui plut, et il en garda le souvenir jusqu'au sein de ses triomphes.
Rassasié de gloire militaire, et songeant aux générations futures,
après avoir solidement établi l'administration civile, après avoir
relevé les autels et promulgué le Code Napoléon, après avoir, par
différentes lois, substitué les Lycées aux Écoles centrales, régé-
néré les Écoles de médecine et créé les Écoles de droit, il voulut

---

1. *Code universitaire.*

fonder pour la France un système entier d'instruction et d'éducation publiques. Il se souvint de l'Université de Turin, et l'agran-
dissant, comme tout ce qu'il touchait, dans la double proportion
de son empire et de son génie, il fit l'*Université impériale*. »

Voilà l'Institution à laquelle M. Rendu a dévoué sa vie. Ayant
assisté à sa naissance, guidé ses premiers pas et présidé à son organisation, l'ayant suivie dans ses fortunes diverses, défendue aux
jours de péril, il a résumé en lui son histoire, depuis 1808 jusqu'en 1850. Ses défaites et ses triomphes ont été les siens. C'est à
lui qu'on peut demander dans quelle pensée l'Université fut créée,
ce qu'elle a été à l'origine, ce qu'elle aurait dû et aurait pu toujours être. Aussi, lorsque, plus tard, dans les luttes engagées pour
la liberté d'enseignement, « les adversaires, sincères et convain-
cus des deux côtés, n'échangeaient pas seulement des raisons,
mais opposaient des exemples ; lorsque l'Université montrait ses
plus respectables maîtres, le clergé ses membres les plus saints,
si le nom du P. de Ravignan fermait la bouche aux détracteurs
des associations religieuses, du côté de l'Université, on prononçait
le nom de M. Rendu[1]. »

Bien que l'Empereur portât dans sa pensée, et on vient de le
voir, dans son souvenir, le type d'une institution nationale d'enseignement, cette institution ne sortit pas d'un seul jet, et, comme
toute armée, de son cerveau. On a généralement sur ce point des
idées très-inexactes. Nulle grande fondation peut-être ne fut précédée de plus d'essais, et préparée par plus de tâtonnements. Le
génie doit y regarder de près, et s'assurer que tous les éléments
en fusion sont combinés en de justes mesures, avant de les jeter
dans le moule créateur d'où son œuvre va sortir, ou atteinte de
quelque vice profond, ou digne des regards de la postérité.

Dès qu'il eut saisi le pouvoir, le premier consul s'occupa de
l'instruction publique. Avant Fourcroy, Rœderer fut chargé de ce
grand intérêt. Le premier consul, en investissant le conseiller
d'État de sa mission, lui dit ce mot qui laissait entrevoir la pro-
fondeur de desseins non encore définis : « Nous vous avons donné
le département de l'esprit[2]. »

1. *Ami de la Religion*, article de M. Aug. Cochin.
2. Ce mot est cité par Rœderer lui-même dans un *Rapport aux Consuls*, dont

En succédant à Rœderer, Fourcroy fut appelé à appliquer la loi du 11 floréal an x (1er mai 1802). Cette loi qui, tout en réagissant d'une manière heureuse contre certains principes et certains faits, était loin d'assurer à l'instruction publique le rang et le mode de gouvernement auxquels elle a droit, ne portait point le cachet de la pensée personnelle du grand organisateur. Les actes de cette époque, relatifs à l'instruction publique, sont une série de tentatives incertaines et non enchaînées à un plan systématique; la pensée maîtresse reste encore voilée. Le 22 germinal an xi, le premier consul se fait adresser un rapport par Fourcroy « sur l'administration de l'enseignement pendant le premier mois de l'année[1]. » Dans ce rapport, presque entièrement consacré à la situation des lycées, Fourcroy déclare que le premier consul « y verra sinon l'exécution complète de tous ses arrêtés, du moins les dispositions prises pour que *ses grandes vues* soient bientôt entièrement rem-

nous avons découvert l'original aux archives de l'Empire, grâce à l'obligeance de M. de Mas-Latrie.

Il est très-curieux de voir ce qui, pour Rœderer, et en 1802, se cachait sous le mot *Instruction publique*, et comment le conseiller d'État comprenait son mandat : « J'ai pensé, dit-il, que j'avais deux choses à diriger et à surveiller, sous ces mots : « Instruction publique, » savoir : 1° l'*enseignement public*; 2° l'*esprit public*. » Et il explique ainsi comment il aurait entendu gouverner cet esprit : « La direction de celui-ci s'exercerait par la direction morale des spectacles et par la police des écrits. La police des écrits m'a paru devoir embrasser :

« I. Les ouvrages nouveaux, et de trois manières : *a* par l'inspection sur les corps dont les membres font, provoquent et jugent les livres, c'est-à-dire sur les corps littéraires; *b*, par la surveillance de la librairie pour empêcher les livres dangereux; *c*, par la distribution des grâces qui provoquent le zèle des gens de lettres et récompensent les ouvrages utiles.

« II. Les gazettes et journaux, soit pour prohiber les mauvais, soit pour faire amender les douteux, soit pour entretenir les bons dans leur esprit, tant par la communication ou suggestion des bons articles que par la récompense de ceux qui auraient été inspirés du propre mouvement des auteurs.

« Réunissant toutes les attributions, les exerçant sous l'autorité immédiate des consuls, j'aurais pu leur soumettre un plan régulier et complet d'instruction publique, et faire concourir au même but tous les hommes doués de talents et de connaissances. »

Après avoir exprimé ses *desiderata*, il conclut ainsi :

« Si les consuls veulent une administration très-régulière de l'instruction publique, je désire qu'ils trouvent juste d'y réunir :

« 1° Les bibliothèques publiques et les dépôts d'art;

« 2° Les corps savants et littéraires;

« 3° Toute espèce d'écoles, même celles de médecine et d'art;

« 4° Les fêtes publiques;

« 5° D'ordonner que tous les fonds destinés à l'encouragement et à l'entretien des théâtres, des savants et gens de lettres, des papiers publics, soient mis à la disposition du conseiller d'État. »

1. Archives de l'Empire.

plies. » L'éducation populaire a sa place dans ce document :
pour se conformer aux *vues* dont il parle, Fourcroy faisait rechercher et étudier les meilleures méthodes d'enseignement primaire.

C'est au commencement de 1804 que le premier consul fixe
sérieusement son regard sur la question de l'instruction publique. La stérilité d'efforts vulgaires et destitués d'une inspiration
supérieure lui était clairement démontrée. « Il reconnut, dès
qu'il y pensa lui seul, dit excellemment M. Guizot, que l'instruction publique ne pouvait être ni livrée à la seule industrie privée, ni gouvernée par une administration ordinaire,
comme les domaines, les finances ou les routes de l'État. Il comprit que, pour donner aux hommes chargés de l'enseignement la
considération, la dignité, la confiance en eux-mêmes et l'esprit de
dévouement, pour que ces existences si modestes et si faibles se
sentissent satisfaites et fières, il fallait qu'elles fussent groupées
et comme liées entre elles, de manière à former un corps qui leur
prêtât sa force et sa grandeur[1]. »

Quel serait ce corps ? Le souvenir des anciennes corporations
enseignantes s'empara de l'esprit du premier consul. Les documents
que nous allons faire connaître permettent de mesurer les phases
diverses que traversa sa pensée ; on y voit à quel point il était las
des tentatives avortées ; à quel point, en matière d'enseignement,
il sentait la nécessité de relier les institutions nouvelles aux institutions consacrées par les siècles.

On lit dans une note que l'Empereur se fit alors présenter par
le ministre de l'intérieur Chaptal :

« Douze années d'expériences pendant lesquelles on a essayé ou proposé tout
ce que l'imagination a pu concevoir de projets pour l'instruction publique, et
le peu de succès qu'ont obtenu toutes les conceptions de ce genre ont prouvé
jusqu'à l'évidence qu'on s'est toujours écarté du vrai but.

« On eût peut-être obtenu de meilleurs résultats si, au lieu de vouloir créer,
on se fût borné à perfectionner ; si, profitant de la longue expérience du passé,
on n'eût proposé que les modifications voulues par les circonstances et le
progrès des lumières.

« Mais il en est temps encore : remontons vers le passé, et tâchons de puiser,
dans ce qui a été, le principe de notre conduite pour le présent. »

1. *Mémoires*, t. III, p. 29.

La note traitait successivement des écoles primaires et des écoles secondaires.

« Avant la Révolution, il y avait presque partout des écoles primaires. Les parents seuls choisissaient les maîtres de leurs enfants et payaient leur salaire. Ici, on affectait un revenu communal à cet usage; là, on nourrissait l'instituteur, et on lui assurait en outre une légère solde. Dans plusieurs communes, le maître d'école exerçait une profession, ce qui rendait son traitement moins onéreux. Ailleurs, il parcourait successivement plusieurs communes, et arrivait à jour et à heure fixes dans chacune, pour y donner des leçons.

« Dans les villes, les écoles primaires étaient généralement desservies par les *Frères ignorantins*, admirable institution dont les membres ont constamment réuni l'art d'enseigner aux mœurs les plus sévères.

« Tout cela a disparu sans doute; mais il est aisé de tout rétablir et d'améliorer. »

Qu'on remarque cette appréciation de l'institut des *Frères des Écoles chrétiennes*. Elle ne sera pas perdue; on la retrouvera formulée en disposition légale, dans le décret constitutif de l'Université.

Quant à l'enseignement secondaire, les propositions que se faisait adresser le premier consul avaient un caractère plus hardi encore de retour vers les institutions auxquelles on avait dû la gloire de l'enseignement dans l'ancienne France. Le ministre de l'intérieur exposa formellement le plan d'une reconstitution en harmonie avec les besoins nouveaux, de la célèbre corporation de l'*Oratoire*. « Il appartient au génie, disait-il, de puiser dans les souvenirs du passé tout ce qui peut s'allier avec les créations nouvelles. L'*Oratoire*, tout particulièrement, a offert l'union des lumières, du patriotisme et de la tolérance[1]. »

Chaptal affirmait qu'il était possible de réunir encore cinquante oratoriens disposés à reprendre des fonctions d'enseignement. On confierait à la congrégation rétablie trois ou quatre lycées; elle s'engagerait à suivre les règlements généraux, et serait soumise à la surveillance des autorités compétentes. Du reste, elle aurait le droit d'établir un nombre d'écoles secondaires double ou triple du nombre des lycées gouvernés par elle.

---

1. Chaptal, dans son *Rapport* de 1801, n'avait pas hésité à écrire : « On peut poser comme base fondamentale que, dans les temps qui ont précédé la Révolution, la nature de l'instruction publique exigeait quelques réformes; mais on ne peut pas nier que la méthode de l'enseignement ne fût admirable. » (P. 9.)

Les supérieurs, élus par la congrégation, seraient confirmés par le gouvernement; à ces supérieurs il appartiendrait de proposer les nominations, renvois et mutations des directeurs des lycées et des professeurs.

« Dans ce système, disait le ministre, le vœu des parents sera rempli, et les instituteurs les plus capables d'exercer une influence resteront dans la main du gouvernement. On fera tourner ce mouvement naturel des choses au profit des établissements nationaux.

« On aura un point de comparaison utile, un moyen d'émulation puissant pour les autres lycées. On aura utilisé des éléments précieux qui survivent, mais qui restent disséminés et inutiles. Enfin, on obtiendra une économie sensible, un enseignement garanti par l'expérience et surtout une éducation morale. »

Ce projet, exclusivement relatif à l'Oratoire, fut suivi d'un plan conçu sur des bases plus larges, et dans lequel le ministre de l'intérieur faisait entrer, en les groupant dans une organisation nouvelle, les trois corporations de l'Oratoire, de la Doctrine et des Bénédictins de Saint-Maur.

Les deux premiers articles de ce plan étaient ainsi conçus :

« Trois associations connues sous le nom de première, deuxième et troisième division de professeurs secondaires, sont établies.

« La première a son chef-lieu à Tournon, correspondant à celui de la ci-devant congrégation de l'Oratoire; la deuxième à La Flèche, correspondant à celle de la Doctrine; la troisième à Sorèze, correspondant à celle de Saint-Maur. »

Les autres articles les plus importants étaient ceux-ci :

« L'association est absolument soumise au gouvernement; elle reçoit de lui les plans d'éducation, les méthodes d'enseignement et tous les règlements intérieurs et extérieurs qu'il juge convenables; elle travaille sous la surveillance du ministre et des inspecteurs généraux des études.

« Tout ministre du culte admis dans l'association renonce à exercer des fonctions salariées dans quelque église que ce soit.

« Nul membre, tant qu'il reste dans l'association, ne peut être lié par le mariage.

« Après vingt-cinq ans d'enseignement, tout membre pourra se retirer soit dans les maisons de l'association, soit dans sa famille. »

Sur l'exemplaire du projet retrouvé par nous aux Archives de l'Empire, on lit ces mots :

« Je prie le citoyen Lebrun de me faire connaître son opinion.

« *Le premier consul,*

« Bonaparte. »

L'avis motivé du troisième consul est un curieux monument. L'esprit de l'époque s'y trouve résumé en peu de lignes :

« Ce projet serait très-propre à multiplier les écoles secondaires, et à leur donner une direction et un esprit communs.

« Mais ces sortes d'institutions ne paraissent guère dans le goût du siècle actuel. Les philosophes n'y verraient que le retour d'une espèce de monachisme.

« Ce ne serait d'abord que des ecclésiastiques qui formeraient ces associations ; et quoique les congrégations de l'Oratoire, de la Doctrine et de Saint-Maur eussent, moins qu'aucun autre établissement religieux, un esprit particulier, cependant elles n'avaient pas non plus cet esprit national, cette indépendance d'opinions qui caractérisent les instituteurs d'une grande société.

« Il serait bien utile d'avoir des établissements pour former des professeurs ; mais il faudrait que ces établissements n'eussent rien d'ecclésiastique, et qu'ils fussent tout à fait empreints d'amour pour le gouvernement actuel et d'attachement à ses principes. Il faudrait par conséquent des hommes nouveaux. »

Pour ces motifs et pour d'autres encore, le projet fut abandonné. Mais il convient de noter très-expressément cette tendance non dissimulée du premier consul vers l'esprit et l'organisation des anciennes corporations enseignantes. L'idée-mère qui soutenait ces puissants instruments d'action morale ne sera pas mise en oubli ; on la retrouvera adaptée aux nouvelles conditions de la société et du gouvernement, dans la création de l'Université impériale.

Un an après qu'a été mis en avant le plan dont nous venons de parler, l'Empereur tourne de nouveau ses regards vers l'enseignement national ; il veut se rendre compte de l'état des lycées : je trouve, à la date du 3 floréal an XIII, la lettre suivante, adressée de Turin à Fourcroy, par le ministre qui venait de remplacer Chaptal à l'intérieur, M. de Champagny :

« Turin, 3 floréal an XIII.

« Monsieur le conseiller d'État, l'intention de Sa Majesté est que vous fassiez l'inspection des lycées en exercice.

« Ce qui doit appeler votre attention d'une manière particulière, c'est le moral, la discipline, l'enseignement, la tenue des élèves, l'état de situation et la comptabilité des colléges.

« Vous vous assurerez si la surveillance est telle qu'elle doit être pour le maintien des bonnes mœurs, et si l'on fait accomplir aux élèves leurs devoirs religieux ; si la discipline est sévèrement observée, tant dans l'intérieur du lycée que dans les promenades ; si les élèves font des progrès, et si les leçons sont données par les professeurs avec zèle et exactitude. »

La pensée de cette inspection émanait directement de l'Empereur. Il avait prescrit que Fourcroy fût accompagné d'un sous-inspecteur aux revues et d'un capitaine ou adjudant-major, ces deux personnages devant donner des instructions « pour l'exercice et la discipline, » et pour la tenue des registres.

Tel était le soin minutieux avec lequel l'Empereur s'occupait de tous ces détails, que Fourcroy juge devoir écrire au ministre de l'intérieur, pour savoir « si Sa Majesté a l'intention de désigner elle-même deux individus de son choix. »

L'inspection fut faite dans les mois de floréal, prairial, messidor et thermidor; Fourcroy était assisté d'un inspecteur général des études, M. Lefèvre-Gineau.

Le rapport rédigé à la suite de cette inspection ne répondit que bien incomplétement au programme étendu qui avait été tracé. Point de vues générales ni de considérations élevées; d'ailleurs, forme littéraire très-médiocre. J'extrais le passage suivant, qui seul, et à un point de vue spécial, présente quelque intérêt :

> « En général, le tambour, l'exercice et la discipline militaire empêchent les parents, dans le plus grand nombre des villes, de mettre les enfants au lycée. On profite astucieusement de cette mesure dans laquelle j'ai reconnu néanmoins la plus heureuse influence sur la bonne conduite et sur la discipline des élèves, pour persuader aux pères de famille que l'Empereur ne veut faire que des soldats. Toutefois je suis persuadé qu'en méprisant ces bruits ridicules et sourds, l'opinion publique se déclarera fortement pour cette institution qui, en exerçant le corps des élèves, les habitue à la subordination, à l'obéissance, à la confiance dans leurs chefs. J'ai vu presque partout les jeunes gens obéir sans murmure et sans réflexion à des caporaux et à des sergents plus jeunes et plus faibles qu'eux, élevés à un grade mérité par leur sagesse et leurs progrès. »

Fourcroy voit tout à louer dans l'état de choses issu de cette loi de 1802 dont l'exécution a été confiée à ses soins. Un tel optimisme n'était qu'une absence de grandes pensées ou un aveu d'impuissance; et l'on comprend, en lisant le rapport dont je viens de citer un fragment, comment l'Empereur, lorsqu'il créa l'Université, enleva la direction de l'œuvre nouvelle au savant dont l'esprit exact cheminait terre à terre, pour la remettre au lettré éminent dont l'intelligence embrassait naturellement les vastes perspectives du monde moral.

Cet optimisme de Fourcroy forme un singulier contraste avec l'appréciation du ministre de l'intérieur. Celui-ci, quelques mois plus tard, rédigeait une note où, avec une franchise et sous l'empire de sentiments qui l'honorent, il mettait à nu la situation :

« Le vice radical du système actuel, disait M. de Champagny, c'est de n'avoir rien fait pour l'éducation. On n'a presque rien fait, ni dans les règlements, ni dans la direction donnée; on n'a presque rien fait pour la surveillance, ni surtout pour le choix des chefs.... On peut affirmer sans exagération qu'une forte moitié des chefs ou des professeurs est, au point de vue moral, dans la plus complète indifférence, et qu'un quart, par leurs discours, leur conduite, leur réputation, déploye le caractère le plus dangereux sous les yeux de la jeunesse. En vain un proviseur, un censeur croiront en avoir conservé le secret à leurs amis, il n'y a point de secrets semblables dans un lycée.... Les idées religieuses déterminées sont la seule garantie certaine de la moralité des hommes. Dans une nation, et sous un gouvernement qui professe le christianisme, il n'y a point d'éducation si l'on ne forme des élèves chrétiens.

« Ce n'est pas seulement en attachant à un lycée un aumônier qui y dit la messe le dimanche qu'on atteindra le but. La religion doit être profondément gravée dans le cœur et dans la raison des élèves. Elle ne le sera jamais si le lycée n'a un esprit religieux, si les chefs n'y portent de la chaleur et du zèle. Or, deux ou trois lycées à peine offrent ce spectacle. De là cet éloignement des parents, que l'on attribue à des préjugés politiques; de là, la rareté des pensionnats payants; de là le discrédit des lycées, et cette situation contrainte et incertaine qu'ils présentent. L'opinion publique est unanime à cet égard. [1] »

On le voit, l'Empereur avait entendu connaître la vérité et il la connaissait en effet. C'est à ce moment (juillet ou août 1805), et sous l'influence des idées et des faits que nous venons de mettre en lumière, qu'il voulut donner corps et vie à la pensée dont il était en quelque sorte obsédé.

L'Empereur mande à Saint-Cloud Fourcroy et l'homme illustre à qui déjà, dans son esprit, était destiné le gouvernement de l'enseignement public, le président du Corps législatif, M. de Fontanes. Il leur expose ses vues, et dicte au premier ses instructions pour la rédaction d'un projet de décret.

M. Rendu avait recueilli les détails de cette entrevue de la bouche de M. de Fontanes, et ces détails étaient restés vivants dans sa mémoire. Je crois entendre encore mon père retraçant cette scène imposante : jamais l'Empereur n'avait paru si grand à M. de Fontanes. « Pendant deux heures, avait raconté le premier grand maître, cet homme, qui n'a pas eu d'égal sur les

---

1. Ce document, comme tous ceux que nous donnons dans la présente notice, est entièrement inédit.

champs de bataille, a passé en revue avec une sûreté et une délicatesse admirables toutes les grandes questions d'ordre philosophique; tout s'est rencontré dans cette magnifique improvisation, depuis Dieu, les lois morales, les lois intellectuelles, les lois politiques, jusqu'aux anciennes corporations religieuses, à la question du célibat, au programme d'enseignement, au rôle des maîtres d'études; nous étions éblouis et charmés. L'Empereur ne m'est pas seulement apparu ce jour-là comme un politique incomparable; bien que grand politique, ou plutôt parce que grand politique, il s'est montré vrai chrétien! »

« L'Empereur, dans ce saisissant monologue, ajoutait M. de Fontanes, changeait à chaque instant de ton; tantôt calme, simple et familier; tantôt — et alors il marchait à grands pas devant nous, l'œil enflammé, et comme s'enivrant de sa propre parole — s'élevant au sublime par un trait imprévu, à la manière d'Homère et de Bossuet. Il venait de parler de la nécessité de donner un lest à l'âme des jeunes gens par l'éducation : « Il faut, disait-il, me « faire des élèves qui sachent être des hommes.... Et vous croyez, « s'écria-t-il tout à coup en élevant la voix, et comme s'adressant à « un adversaire invisible, vous croyez que l'homme peut être « *homme* s'il n'a pas Dieu! Sur quel point d'appui posera-t-il son « levier pour soulever le monde, le monde de ses passions et de « ses fureurs? L'homme sans Dieu, je l'ai vu à l'œuvre depuis « 1793! Cet homme-là, on ne le gouverne pas, on le mitraille; de « cet homme-là, j'en ai assez! Ah! et c'est cet homme-là que vous « voudriez faire sortir de mes lycées? Non, non; pour former « l'homme qu'il nous faut, je me mettrai avec Dieu; car il s'agit « de créer, et vous n'avez pas encore trouvé le pouvoir créateur, « apparemment! »

S'il ne m'est donné de reproduire qu'un fragment saisi au vol de ce puissant discours, qu'il eût fallu conserver tout entier pour l'histoire, j'ai l'heureuse fortune de pouvoir faire connaître à ceux qui aiment à se donner le spectacle d'une grande institution se dégageant de la pensée d'un grand homme, ce qui, dans le monologue de l'Empereur, se rapportait directement à la question de l'enseignement; la parole du maître n'apparaîtra plus dans le document qu'on va lire, portée par le souffle de feu qui entraîne et qui renverse; on y saisira du moins la pensée même dans son expression authentique. L'Université ne fait dater son avénement officiel et administratif que du 17 mars 1808; en réalité, elle naquit le jour où furent dictées les curieuses instructions dont le *Rapport* suivant à l'Empereur n'est qu'une fidèle reproduction.

Ce rapport, conservé par M. Rendu, se trouve d'ailleurs aux Archives impériales :

« Votre Majesté m'a ordonné de préparer et de lui soumettre pour l'époque à laquelle nous sommes arrivés, un travail sur l'établissement et l'organisation d'un corps enseignant.

« De toutes les questions politiques (ce sont les propres expressions de Votre « Majesté), celle-ci est peut-être du premier ordre. Il n'y aura pas d'état po-« litique fixe, s'il n'y a pas un corps enseignant, avec des principes fixes. Tant « qu'on n'apprendra pas dès l'enfance, si l'on doit être républicain ou monar-« chique, catholique ou irréligieux, etc., etc., l'État ne formera point une na-« tion; il reposera sur des bases incertaines et vagues; il sera constamment « exposé aux désordres et aux changements. »

« Outre les hautes considérations politiques qui appellent une pareille institution, l'établissement d'un corps enseignant est encore le seul moyen de sauver l'instruction publique elle-même d'une ruine totale. Les débris des anciennes corporations ont suffi jusqu'à présent pour soutenir l'édifice. Mais ces ressources s'épuisent chaque jour; et si l'on trouve encore des maîtres capables, il est à craindre qu'il ne s'en rencontre bientôt plus. Presque toutes les places, dans les lycées et les écoles secondaires, sont occupées par des vieillards et des hommes qui touchent à la vieillesse, et l'on voit peu de jeunes gens qui se destinent à l'enseignement. Une corporation, telle que celle dont Votre Majesté a conçu la pensée et tracé le plan, peut donc seule régénérer l'instruction publique et en assurer la prospérité.

« La nécessité d'un corps enseignant une fois reconnue, il s'agit de savoir si ce *corps* ou cet *ordre* doit être une association religieuse, s'il doit faire vœu de chasteté, renoncer au monde, etc., etc. Votre Majesté a jugé elle-même qu'il n'y avait aucune connexité entre ces idées. « Il y aurait, a-t-elle dit, un corps «•« enseignant si tous les proviseurs, censeurs et professeurs de l'Empire avaient « un ou plusieurs chefs, comme les jésuites avaient un général, des provin-« ciaux; si l'on ne pouvait être professeur dans les hautes classes qu'après avoir « professé dans les basses; s'il y avait aussi dans la carrière de l'enseignement « un ordre progressif, qui entretînt l'émulation, et qui montrât dans les diffé-« rentes époques de la vie un aliment et un but à l'espérance. On a senti, « ajoute Votre Majesté, l'importance de la corporation des jésuites; on ne tar-« derait pas à sentir l'importance du corps enseignant, lorsqu'on verrait un « homme d'abord élevé dans un lycée, appelé par ses talents, à enseigner à son « tour, avancer de grade en grade, se trouver, avant de finir sa carrière, dans « les premiers rangs de l'État. »

« Si l'on jugeait qu'il fût important que les fonctionnaires et professeurs des lycées ne fussent pas mariés, on pourrait arriver à cet état de choses facilement et en peu de temps. Votre Majesté a dit à ce sujet : « Il faudrait qu'un « homme consacré à l'enseignement ne pût se marier qu'après avoir franchi « plusieurs degrés de sa carrière; que le mariage fût pour lui, comme pour « tous les hommes, un terme placé en perspective, où il ne pût atteindre qu'a-

« près avoir assuré sa considération et sa fortune par une place dont la rétribu-
« tion suffirait à le faire vivre comme chef de famille sans sortir de son état.
« Ainsi, la condition de l'enseignement serait la même que celle des autres car-
« rières civiles. » Il serait peut-être difficile d'assigner à l'avance le degré où il
faudrait qu'un homme consacré à l'enseignement fût parvenu pour être libre
de se marier. Le meilleur moyen d'obvier à tous les inconvénients serait de faire
une loi du célibat pour tous les membres du corps enseignant, excepté pour
les professeurs des écoles spéciales et des lycées et pour les inspecteurs. Le mariage dans ces places ne présente aucun inconvénient. Mais les directeurs et maîtres d'études des collèges ne pourraient se marier sans renoncer à leurs places....

« Sans être lié par des vœux, le corps enseignant n'en serait pas moins
religieux. Qu'il y ait pour les exercices de religion des règlements auxquels
chacun soit astreint; que les places supérieures soient données de préférence à
ceux qui joindront aux lumières et aux talents une conduite irréprochable, et
la religion sera en honneur dans les établissements d'instruction publique....

« Le corps enseignant étant un, l'esprit qui l'animera sera nécessairement
un, et sous ce rapport, le nouveau corps enseignant l'emportera de beaucoup
sur les anciennes corporations. Dans les diverses congrégations, l'esprit national était toujours subordonné à l'esprit particulier du corps. Ici, l'esprit sera
le même partout. Il sera à Turin tel qu'à Paris, à Bruxelles et à Mayence, tel
qu'à Marseille et à Bordeaux; il sera nécessairement français, c'est-à-dire que
tous n'auront qu'un but, celui de former des sujets vertueux par principe de
religion, utiles à l'État par leurs talents, attachés au gouvernement et à son
auguste chef par amour et par devoir.

« Telles sont les vues générales, vues dictées par Votre Majesté, d'après lesquelles ont été conçues les dispositions du projet de décret que j'ai l'honneur,
Sire, de vous soumettre. »

Ce projet de décret — projet de 1805, qu'on veuille bien ne pas
oublier la date, — posait en principe que *tous* les établissements
d'instruction publique étaient, dans toute l'étendue de l'Empire,
confiés aux soins et soumis à la surveillance de l'Université.

L'Université avait pour chef un directeur général. Il était créé
un *Conseil de l'Université*, « dans le but d'entourer le directeur général de plus de considération et de lumières, et de donner au
public la certitude que toutes les affaires importantes seraient trai-
tées avec le soin et la maturité convenables. »

Ce qui doit être signalé dans le projet, c'est que l'Université
était partagée en sept grandes divisions ou *Universités*, à la tête de
chacune desquelles se trouvait un inspecteur général résidant au
chef-lieu de la circonscription et en correspondance avec le directeur général.

Pour quelle raison le projet dont on vient de lire l'exposé des
motifs ne fut-il point converti en décret? Il est facile de le deviner : l'Empereur introduisait dans le gouvernement de l'instruc-

tion publique un principe qui, de quelque manière qu'on le jugeât, était une innovation considérable ; et qui, même dans les circonstances exceptionnelles au milieu desquelles il faisait son avénement, devait provoquer les objections les plus vives, je veux parler du droit exclusif de l'État. Un tel principe ne pouvait être consacré que par une loi.

Dès le commencement de l'année 1806, au lendemain d'Austerlitz et de la paix de Presbourg, l'Empereur charge le directeur de l'instruction publique de soutenir la discussion du projet porté au conseil d'État. Cette discussion commence aux premiers jours de février et se prolonge jusqu'à la fin d'avril. Neuf rédactions sont successivement essayées. Mais après ce labeur épineux, l'Empereur reconnaît qu'une loi en 140 articles, sur une matière si difficile, présentera quelque chose d'obscur et d'embarrassé ; il décide qu'on ne soumettra au Corps législatif que le principe simple, net, et dégagé de ses applications, la création d'un corps enseignant sous le nom d'*Université impériale.*

Ainsi naquit la loi du 10 mai 1806 qui, en fondant l'Université, l'investit du droit *exclusif* d'enseignement dans tout l'Empire.

Le décret de 1808 ne fut que la mise en œuvre du principe consacré depuis deux ans déjà. Quand donc les adversaires de l'Université, s'acharnant contre l'œuvre de 1808, jettent l'anathème au décret qui, disent-ils, a escamoté la loi annoncée en 1806, ils se prennent puérilement aux conséquences, sans remarquer que, ces conséquences eussent-elles été supprimées, le principe n'en subsistait pas moins, consacré qu'il était dans une *loi.*

Qu'on ait redouté ce principe, qu'on ait cherché au moment où il allait prendre possession des faits, à en empêcher la prédominance absolue, assurément, nous le comprenons ; et aujourd'hui qu'ayant abandonné une position vulnérable, fière à bon titre d'une force qui n'a point pour condition la faiblesse d'autrui, l'Université multiplie ses triomphes sur le terrain d'une concurrence librement soutenue, il est permis, sans danger pour elle, de faire connaître les objections que de graves esprits soulevèrent, avant la loi de 1806, contre le droit *exclusif* dont l'État allait être investi. L'Université, plus puissante que jamais au milieu du libre développement des institutions privées et des associations ensei-

gnantes, peut se donner la satisfaction d'examiner, dans un retour impartial sur sa propre histoire, si et dans quelle mesure les
craintes que faisait naître pour elle la perspective de l'exercice du
pouvoir absolu ont pu être, à certains moments, justifiées.

Deux hommes considérables furent invités par l'Empereur à
donner leur avis sur le projet préparé par Fourcroy : Portalis et
le ministre de l'intérieur, M. de Champagny. Portalis n'hésita
pas à faire une opposition très-franche au principe du projet. Il se
fit l'avocat des droits du père et l'adversaire déclaré du pouvoir
exclusif de l'État. « Les mêmes principes, dit-il dans une note à
l'Empereur, qui autorisent les pères à faire élever leurs enfants
dans leurs propres maisons garantissent à tous les pères le droit
naturel de confier leurs enfants à tels instituteurs que bon leur
semble. » Et il attaqua sans ménagement « un système qui ne
tendrait à rien moins qu'à détruire sur un objet aussi délicat, les
droits sacrés de la paternité. »

M. de Champagny se plaça, non au point de vue du *droit*, mais
au point de vue de l'*utilité* : « Convient-il, demanda le ministre,
d'avoir un corps enseignant unique, une corporation exclusive,
surtout lorsqu'elle doit tenir dans sa dépendance tous les degrés
inférieurs de l'enseignement et jusqu'aux établissements privés ?
Un tel corps n'acquerrait-il pas un jour une puissance morale et
politique dans l'État, qui le rendrait presque maître de l'opinion,
dominateur de toutes les familles ? Avec une telle force, devenu si
nécessaire, ne pourrait-il devenir indépendant ? L'unité du corps
enseignant ne le conduirait-elle pas à une sorte de despotisme
dans l'enseignement ? Jaloux de ses maximes, de ses usages, es-
clave de ses préjugés, comme tous les corps, n'éloignerait-il pas
toutes les améliorations qui ne seraient point sorties de son sein ?
Assuré de ses priviléges, n'étoufferait-il pas un jour l'émulation ?
Ne deviendrait-il pas peut-être un obstacle aux progrès des lumières, au lieu de provoquer leur développement ? Rappelons-nous
combien nos corps enseignants ont repoussé avec obstination les
idées de Descartes, les découvertes de Locke, les nouvelles connaissances de la physique et de la chimie. Trois ou quatre grandes universités rivales, ou plutôt émules, ne s'exciteraient-elles
pas mutuellement ? N'auraient-elles pas une carrière plus vaste et

plus libre? En tendant au même but, n'offriraient-elles pas moins d'inconvénients et plus d'avantages? »

La note qu'on vient de lire fut communiquée par l'Empereur au président du Corps législatif. « Fontanes, que pensez-vous de cela? — Sire, répondit le futur grand maître, si nous avions à « agir sur une société homogène et vivant de ses traditions an- « ciennes, je dirais : Ces objections sont invincibles. Mais au len- « demain d'une révolution, au sortir de l'anarchie, et en présence « de partis hostiles, il faut dans l'enseignement comme en toutes « choses, l'unité de vues et de gouvernement. La France a besoin, « pour un temps du moins, d'une seule Université, et l'Université « d'un seul chef. — C'est cela, répliqua l'Empereur, vous m'avez « compris! »

Après l'adoption de la loi en trois articles, du 10 mai 1806, l'Empereur revit lui-même, et compara tous les projets diversement amendés par la discussion, et donna de nouvelles instructions à Fourcroy pour le décret qui devait en régler l'application.

La discussion fut reprise au conseil d'État (fin de mai 1806), et le projet adopté dans la séance du 4 juillet.

C'est ce projet que l'Empereur laissa dormir pour des raisons dont la nature ne nous est pas connue, et qui, mis en œuvre trois ans après avoir été conçu, porte la date célèbre du 17 mars 1808.

III

M. de Fontanes et M. Rendu. —Caractère de l'Université impériale. — Rôle de l'élément religieux. — Le clergé vis-à-vis de l'Université. — Circulaire aux évêques. — Réponses de ceux-ci.—L'abbé Émery.—L'ultramontanisme et le cardinal de Bausset.

La mission que M. de Fontanes avait attribuée à *son jeune ami* dans la direction du *Mercure*, la confiance et l'affection du premier grand maître allaient la renouveler, pour lui, dans l'élaboration de l'œuvre capitale qu'il s'agissait de constituer. La note par laquelle Ambroise Rendu fut présenté à l'Empereur (conjointement avec M. de Mussy) pour le poste d'inspecteur général, indique le caractère de cette mission. En 1808 comme en 1800, Ambroise Rendu allait être pour M. de Fontanes un véritable *lieutenant*.

« M. Rendu, porte la note, appartient à l'une de ces familles tous les jours plus rares, où s'est conservée l'ancienne simplicité des vertus domestiques ; avocat consultant avec MM. Delamalle et Poirier ; auteur de la traduction de la *Vie d'Agricola* et de plusieurs autres ouvrages utiles à l'instruction, auxquels il a eu la modestie de ne pas mettre son nom. Il faut nécessairement que, dans le nombre des inspecteurs généraux, j'aie quelques hommes à qui je puisse donner mon intime confiance, et qui soient les dépositaires de mes intentions les plus secrètes. Je regarde M. Rendu, ainsi que M. Gueneau de Mussy, comme mes principaux adjoints. Nul ne mérite plus qu'eux mon estime et mon affection. Ils sont, en quelque sorte, les yeux et les bras dont j'ai besoin pour voir et remuer la grande machine que vous me confiez. »

En effet, à partir du 17 mars 1808, avant et après sa nomination d'inspecteur général [1] et de conseiller ordinaire [2], M. Rendu, à part

1. Septembre 1808.
2. 1809.

les fonctions officiellement attachées à ces deux titres, fut investi d'un rôle dont son actif dévouement et la confiance sans bornes de M. de Fontanes pouvaient seules permettre de mesurer l'étendue. A la fois confident ou inspirateur des pensées du grand maître et exécuteur de ses décisions, il mit la main à toutes les mesures qui, dans les premières années de l'Université impériale, firent considérer cette grande institution, — il faut le dire très-haut, — par tout ce que la France comptait d'esprits sensés, comme le plus puissant instrument de régénération intellectuelle et morale.

Régénération intellectuelle et morale, j'emploie ces mots à dessein: que l'on considère, en effet, qu'au moment où la création de l'Université fut décidée en principe (loi du 10 mai 1806), et où déjà étaient adoptées les bases du décret organique, aucune lutte ne s'était encore élevée entre le pouvoir ecclésiastique et l'ardent génie qui, peu d'années auparavant, avait, aux acclamations du monde, tiré de ses ruines la société française et reconstitué la société religieuse. La même pensée qui avait fait le concordat enfantait donc l'institution universitaire, pensée de réconciliation entre la tradition chrétienne et la France nouvelle, d'alliance entre l'Église et l'État, de rapprochement sincère de toutes les forces morales du pays. Cette grande pensée éclatait précisément dans la composition du corps savant à qui étaient confiées les destinées intellectuelles de la France. Pour fonder un durable système d'instruction, l'empereur Napoléon Ier, ce puissant représentant de l'élément laïque de notre société moderne, invoquait très-sincèrement le concours de l'élément religieux. Non-seulement, il faisait rentrer dans les établissements d'éducation l'enseignement et la pratique de la religion, mais il voulait que des ecclésiastiques, deux évêques, un directeur de séminaire, des vicaires généraux, un chanoine, des membres des anciennes congrégations, siégeassent dans le conseil de l'Université; devinssent, comme inspecteurs généraux, les agents de ce conseil suprême; ou prissent place dans les administrations locales de l'instruction publique. « Comment! avait dit l'Empereur à M. de Fontanes, qui lui présentait la liste des futurs conseillers, l'abbé Émery n'est pas du nombre! Je ne comprends pas le conseil sans cet homme-là. » Dès le lendemain, Mgr de Villaret allait à Issy, maison de campagne des Sulpiciens, annoncer au vénérable directeur, de la part du grand maître, que son nom figurait parmi les dignitaires de l'Université. L'abbé Émery hésita. J'ai sous les yeux la lettre que le savant prêtre écrivit à cette occasion à M. de Fontanes :

« J'ai toujours vécu jusqu'à présent, disait-il, et par goût et par principe, dans un état de retraite et d'obscurité ; j'ai refusé en conséquence les évêchés que Sa Majesté a bien voulu m'offrir. Je persiste plus que jamais dans mon goût et mes principes. Je touche à la fin de ma carrière, puisque j'ai soixante-dix-sept ans ; et voilà que la place à laquelle j'ai été nommé me produit dans le monde et me tire de mon heureuse obscurité.

« Il y a plus : le poste que je remplis m'occupe tout entier ; et la preuve, c'est que, depuis qu'il m'a été possible de le reprendre, c'est-à-dire depuis cinq ou six ans, je n'ai pas trouvé le temps de finir un travail commencé sur Descartes, semblable à celui que j'ai fait sur Leibnitz et Bacon, quoique quinze jours fussent suffisants pour y mettre la main.... Au reste, ajoutait le pieux vieillard en des termes qu'on ne peut méconnaître, je vous prie de croire que je n'aurais pas hésité à refuser la place si vous n'étiez pas à la tête de l'Université ; et dès que l'Université devait avoir à sa tête un homme du monde, j'ai regardé comme un trait singulier de la providence de Dieu sur cet Empire que le choix de l'Empereur fût tombé sur votre personne. »

Quelques jours après, second billet de M. Émery, où on lit ces mots :

« J'ai pris conseil ; j'ai pensé au chef de l'Université, et mon inc r itude sur l'acceptation a cessé. » (19 septembre 1808.)

Quand, à côté de tels représentants de la pensée religieuse, et sous l'inspiration de l'écrivain qui avait donné à la littérature nouvelle l'auteur du *Génie du christianisme*, on voit s'unir, pour la direction de l'enseignement, des hommes tels que M. Rendu, M. Gueneau de Mussy, M. Royer-Collard, M. Ampère, M. de Bonald, M. Joubert, M. de Jussieu (tous inspecteurs généraux ou conseillers), on rend hommage à la pensée qui associait dans un même effort toutes les influences appelées par la nature même des choses à préparer l'avenir moral d'un peuple ; et l'on se contente de répondre par un sourire aux attaques puériles que la passion a dirigées avec un si rare dédain du bon sens public, non pas contre les déviations de l'Université, mais contre le principe même de la création de ce grand corps.

M. de Fontanes parlait un langage compris de tous, à cette époque, lorsque après avoir soumis à l'Empereur la liste des futurs inspecteurs généraux, il écrivait au ministre de l'intérieur : « Dans les dix-huit sujets que je présente, il y en a trois dont je ne puis absolument me passer, MM. Rendu, Gueneau et Joubert. Ce sont ceux qui ont ma plus intime confiance. Les autres sont des hommes connus dans l'enseignement actuel, ou des membres distingués de l'ancienne congrégation de l'Oratoire. Je les crois également propres à remplir les vues de l'Empereur, *qui veut réunir dans l'Université ce qu'il y avait de plus raisonnable dans les disciplines des anciennes Écoles* et tout ce que les sciences ont ajouté de gloire à notre siècle. » (*Minute* de la main de M. de Fontanes.)

Nul ne se méprenait sur le véritable caractère de l'Université et sur l'esprit qui présidait à sa fondation ; les évêques moins que qui que ce fût. D'après les ordres exprès de l'Empereur, et dès le mois de mai 1808, le grand maître consulta les chefs du clergé *sur l'état de l'enseignement* et, par l'organe du prélat qui avait été appelé au poste de chancelier, sollicita leur concours pour l'accomplissement de l'œuvre commune.

M. Rendu, dans un livre qui éclaire d'une vive lumière les origines de l'Université[1], a cité la circulaire adressée par Mgr de Villaret à ses vénérables collègues. Cette circulaire commençait ainsi :

« Monseigneur, Sa Majesté, en confiant à un évêque la place de chancelier de l'Université, a eu principalement en vue la fidèle exécution de l'article du décret qui donne pour première base à l'enseignement public les préceptes de la religion catholique, et qui prescrit aux membres de l'Université l'obéissance aux statuts qui tendent à former pour l'État des citoyens attachés à leur religion, à leur prince, à leur famille.

« L'espoir de contribuer à un si grand bien me rend particulièrement précieuse la place dont Sa Majesté vient de m'honorer, d'autant que j'ose me flatter que les évêques des diverses parties de l'Empire voudront bien m'aider à la remplir de la manière la plus utile, en me mettant à même de donner des renseignements exacts à M. le grand maître de l'Université, sur le mérite des sujets qui sont chargés des diverses parties de l'instruction publique. Dans ces vues, etc. »

Quoi de plus explicite ?

Ce document avait trait spécialement aux établissements d'études secondaires. Une seconde circulaire le suivit de près ; celle-ci

---

1. *Essai sur l'instruction publique, et particulièrement sur l'instruction primaire.* 3 volumes. 1819.

avait en vue ce grand intérêt social, qui ne fût pas aussi négligé, sous la première Université, qu'on a bien voulu le dire, l'éducation du peuple ; elle portait la signature du grand maître. On y reconnaît facilement la pensée et la plume de celui qui devait, dans tout le cours de sa longue carrière, placer l'enseignement des classes pauvres au premier rang de ses préoccupations les plus chères ; nous voulons citer ce document dans son ensemble ; il appartient tout à la fois à l'histoire générale et à l'histoire de la vie de M. Rendu :

« Monseigneur, parmi les diverses branches d'instruction publique qu'embrasse l'Université, il en est une qui tient le dernier rang dans le système classique, mais qui touche aux premiers intérêts de la société ; je veux parler de l'*instruction primaire*.

« Les maîtres d'école, soit des villes, soit des campagnes, doivent avoir, aux yeux de tout homme éclairé, une importance qu'ils ne soupçonnent pas eux-mêmes. Destinés à répandre les premiers principes de la religion et les éléments des connaissances humaines, ils exercent une influence inévitable sur les mœurs de la classe laborieuse et indigente. C'est donc par eux qu'il est naturel de commencer les réformes que l'Université doit opérer dans toutes les parties de l'enseignement, afin de remplir les intentions du législateur.

« Je n'ignore pas quelles passions ou quelle indifférence ont présidé, la plupart du temps, au choix des maîtres d'école. Je sais qu'il en est parmi eux qu'une ignorance grossière devrait éloigner de l'enseignement, ou que des habitudes vicieuses rendent indignes de cette profession.

« Plusieurs fois, j'ai été affligé en apprenant des désordres et des scandales que ces écoles semblaient devoir ignorer à jamais. J'ai cherché les moyens d'en arrêter le cours, et je n'en ai point trouvé de plus prompt et de plus efficace que le secours de vos lumières. Placé plus près du mal, vous en connaissez mieux les effets et les causes ; votre sagesse pourra mieux en indiquer le remède.

« La plupart des instituteurs primaires, arrêtés par une fausse interprétation de la loi, et dans la crainte de payer un diplôme, se sont d'abord abstenus de faire la déclaration prescrite par l'article 13 du décret du 17 septembre. Bientôt, rassurés par les explications qui ont été insérées dans les papiers publics, ils se sont empressés de déclarer qu'ils étaient dans l'intention de faire partie de l'Université. Mais cette déclaration qui me fait connaître leurs dispositions, ne me donne aucune garantie de leur capacité. Les inspecteurs généraux, partagés par d'autres soins, ne pourront visiter les écoles des campagnes ; d'ailleurs, une conduite irréprochable, des mœurs sans tache, une bonne renommée, sont les qualités les plus essentielles d'un maître d'école ; il serait impossible de s'en assurer dans un premier examen nécessairement trop rapide.

« C'est vous, monseigneur, qui êtes juge naturel de tout ce qui doit inspirer l'estime et la confiance ; c'est de vous que j'attends les renseignements qui doivent fixer mon opinion.

« J'ose donc vous prier d'inviter MM. les curés de votre diocèse à vous envoyer des notes détaillées sur les maîtres d'école de leurs paroisses. Lorsque ces notes seront réunies, vous voudrez bien me les adresser avec vos propres observations.

« D'après ces indications, je confirmerai l'instituteur qui aura mérité votre suffrage, et il recevra le diplôme qui doit l'autoriser à continuer ses fonctions. Celui qui ne m'offrira pas les mêmes sûretés, ne recevra point de diplôme, et j'aurai soin de le remplacer aussitôt par l'homme que vous aurez jugé le plus capable.

« J'ai pensé, monseigneur, que vous ne refuseriez pas de vous associer à une œuvre digne de tout votre intérêt. Il ne peut être indifférent aux intérêts de l'Église que les instituteurs soient plus éclairés et mieux choisis; ils disposeront l'enfance à l'instruction plus solide qu'elle doit recevoir des ministres des autels; ils seconderont leurs efforts pour rendre aux campagnes la connaissance de Dieu et l'amour des vertus qui assurent le repos des familles.

« C'est surtout dans la classe indigente qu'ils prépareront l'espérance d'une génération meilleure; et je ne crois pas avoir besoin d'exciter votre zèle pour la portion la plus nombreuse de votre troupeau.

« Agréez, etc., etc. »

En même temps qu'elle tenait ce langage, l'Université rendait à la vie civile l'institut des Frères des écoles chrétiennes, visait ses statuts, et dérobait ses membres aux menaces de la conscription.

De tels faits et de telles paroles furent compris du clergé. La confiance enfanta la confiance. De toutes parts les évêques répondirent à l'appel du grand maître et du chancelier de l'Université avec l'empressement de la gratitude. J'ai sous les yeux les originaux mêmes de bon nombre de ces lettres, qui sont des monuments de l'histoire ecclésiastique et universitaire; un double sentiment s'y déclare avec énergie : la douleur que cause aux évêques la multiplicité de ces prétendus établissements d'instruction que la cupidité des entrepreneurs élève et que l'insouciance des familles alimente; — la joie qu'ils éprouvent en sentant qu'une main protectrice va enfin s'étendre pour réprimer et pour prévenir le mal.

Combien ces évêques admireraient la haute compétence de certains historiens de l'*Instruction publique*, s'il leur était donné d'apprendre aujourd'hui par les livres de ces pieux auteurs, quelle sainte colère et quelle ardente indignation faisait naître en eux, de 1806 à 1810, la fondation de l'*odieux établissement universitaire* !

« Le clergé de France et tous les amis de la religion, écrivait l'archevêque de Bordeaux (29 mai 1808) doivent bénir les décrets de la Providence, vous voyant choisi pour tenir cette place éminente dans l'Université impériale. Je vous remercie de m'avoir communiqué vos grandes et louables vues, et je me trouverai heureux quand je pourrai fournir mon contingent pour vous aider à les remplir.... Il se fait du bien dans notre lycée, même sous le rapport religieux. L'aumônier réunit le zèle aux lumières et son travail obtient du succès.

Mais le régime est loin de ce que l'on devait en attendre. Le proviseur, M. ***, et deux de ses coopérateurs, prêtres comme lui, tâchent de faire ignorer leur sacerdoce. Encore s'ils se montraient bons et réguliers laïcs, tant s'en faut!... En ville aussi, *il n'y a que trop d'écoles* dont les instituteurs ne donnent ni leçons ni exemples de catholicité, ou même de christianisme. Combien il serait à désirer que ces malheureux fussent écartés de l'enseignement! »

« L'éducation, disait un autre évêque, est aujourd'hui le partage du premier venu, et l'on a la douleur de la voir exercée par des gens qui n'ont ni savoir ni permission. On instruit très-peu et très-mal. J'aime à croire, et j'ai confiance que toutes choses rentreront dans l'ordre. »

« Puisque vous m'y autorisez, ajoutait un troisième prélat, j'aurai l'honneur de vous écrire derechef sur l'éducation, et de vous communiquer successivement toutes les notes que je croirai pouvoir servir vos vues d'utilité publique religieuse et morale. Je vous réitère tous mes vœux, pour vous-même et pour le corps entier de l'Université. »

Je lis dans une autre lettre :

« Des instituteurs et des institutrices s'ingèrent dans cet état sans autre autorisation que celle de leur cupidité. Enseigne qui veut, et comme il veut, le plus souvent sans surveillance et sans souci pour la religion. »

Encore une citation :

« Voilà la règle sagement établie; nul désormais ne pourra enseigner publiquement sans la permission du grand maître de l'Université ou celle des chefs de l'Académie.... Le grand maître et son conseil remédieront à d'aussi grands abus. »

Ainsi s'exprimaient les évêques. Mais que ces dispositions conciliantes étaient peu selon la sagesse! Que les modernes publicistes eussent bien mieux entendu les intérêts de la société religieuse! Que parlez-vous du contrôle de l'Université? Est-ce que l'Université, de par cet abominable décret de 1808, n'était pas une force sacrilège, une puissance usurpatrice au premier chef? « Les écoles particulières, les pensionnats, englobés par un coup de filet! Quoi! sans respect pour la propriété, sans souci du droit le plus sacré de la terre, vous enlevez au maître le fruit de ses laborieuses années, son bien, son héritage! Mais on ne fait pas pis en pays conquis [1]! » Voilà qui est parler. Qu'est-ce que les évêques de 1808 auraient eu à répondre à cela?

« Je cherche, écrivait l'archevêque de Bordeaux, dans la lettre déjà citée, à

1. *Histoire critique et législative de l'instruction publique*, t. II, p. 112.

profiter de la faveur que le gouvernement semble accorder à ces bons Frères des écoles chrétiennes. Nous avons déjà établi plusieurs classes, etc., etc. »

Et les inspecteurs généraux laissaient aux recteurs des Académies des instructions où on lisait cet article : « Partout où il se trouvera des *Frères* des écoles chrétiennes, ils seront présentés de préférence à d'autres. »

Quelque temps auparavant, le grand maître écrivait, non plus aux évêques, mais aux préfets :

« C'est aux évêques qu'est principalement confiée la surveillance des mœurs et le maintien des idées religieuses, source de toute morale. Le souverain a reconnu le principe lorsqu'il a voulu que toutes les écoles de l'Université prissent pour base de leur enseignement la religion catholique[1]. S'il en doit être ainsi dans toutes les écoles, que sera-ce de celles qui sont destinées au peuple? Les évêques et les curés en sont par cela même les surveillants naturels. »

On ne peut douter, d'après toutes ces citations, que le grand corps à l'organisation duquel M. Rendu prenait une part si active ne fût en *état permanent d'hostilité contre la religion*[2]; qu'il ne fût réduit à être *sans vie, sans honneur et sans âme*[3]; on ne peut douter de l'authenticité de ce mot attribué à l'Empereur par un chroniqueur bienveillant de 1816, et soigneusement recueilli par un historien de 1844 : « Je n'avais institué l'Université que pour enlever l'éducation aux prêtres; Fontanes n'a pas voulu m'entendre. »

« Et en effet, » écrivait M. Rendu en 1819, « on est frappé de l'extrême vraisemblance de cette parole, quand on songe que, tout occupé du dessein d'*enlever l'éducation aux prêtres*, Napoléon avait mis à la seconde place, dans sa nouvelle institution, un évêque; dans le conseil un autre évêque (M. de Bausset, aujourd'hui cardinal); le supérieur de Saint-Sulpice, c'est-à-dire, dans un seul homme le clergé tout entier; puis quelques laïques qu'il pouvait

---

1. M. Rendu a révélé le fait qui suit : « Dans une des nombreuses rédactions du décret organique, le conseiller d'État rapporteur s'était servi de ces termes : *les préceptes de la religion chrétienne.* L'Empereur, qui, tout en voulant avec raison l'entière liberté de tous les cultes chrétiens, voulait aussi unité et fixité dans les doctrines du corps chargé de l'éducation de la jeunesse, substitua aux mots trop indéterminés *religion chrétienne*, les mots *religion catholique.* (*De l'Instruction secondaire*, p. 93. 1842.) Ce fait est en complet accord avec la parole de l'Empereur citée par le ministre de l'intérieur dans le Rapport de 1805. Voy. p. 29.

2. *Le génie de la Révolution*, t. III, p. 27.

3. *Idem*, t. III, p. 185.

croire peu disposés à seconder ce beau projet, M. de Bonald, M. de Jussieu, M. de Nougarède, M. Delamalle, M. Gueneau de Mussy, etc., etc.; parmi les recteurs et les inspecteurs généraux, M. Desèze, M. Ampère, M. l'abbé Eliçagaray, M. l'abbé de Bellissent, M. l'abbé d'Humières, M. l'abbé d'Andrezel, M. l'abbé Balland, M. l'abbé Roman, M. l'abbé Daburon, etc., etc. Franchement, si ce n'était l'autorité de M. ***, nous serions tenté de croire que l'Empereur, en créant l'Université, ne s'était pas proposé d'*enlever l'éducation aux prêtres*[1]. »

N'en déplaise aux pamphlétaires, M. Rendu crut donc, dans sa conscience d'honnête homme, pouvoir, en servant l'Université, servir l'Église et son pays.

Il est vrai que ce fervent chrétien était loin de partager certains emportements; il est vrai qu'il ne s'alarmait pas de voir le chancelier de l'Université, évêque de Casal, louer avec l'orthodoxie dans la doctrine, « l'attachement aux maximes du clergé de France; » et qu'il ne s'effrayait en aucune façon de cette réponse d'un évêque du midi au dignitaire dont nous parlons : « .... Les *prétentions ultramontaines*, et non pas les *véritables prérogatives du pape*, sont le principal obstacle dans mon diocèse à la réunion des protestants et des catholiques; c'est là la grande objection des protestants; » il est vrai encore que le sage conseiller était, à ce point de vue, en parfaite harmonie de pensée avec l'abbé Émery, qui en 1808 écrivait au ministre d'État : « Quant aux prérogatives du saint-siége sur lesquelles disputent les catholiques, je n'ai point et n'ai jamais eu d'autres sentiments que ceux de l'Église de France consignés dans la déclaration de 1682; et les quatre propositions n'ont cessé d'être enseignées dans le séminaire de Saint-Sulpice; » il est vrai enfin qu'il s'associait à toutes les vues de l'illustre prélat, membre, lui aussi, du conseil de l'Université, l'auteur de la *Vie de Bossuet*, qui, un jour, au moment où le *Lamennaisianisme* se préparait à lever son drapeau, lui écrivait la lettre qu'on va lire :

« J'ai lu, monsieur, l'écrit que vous m'avez fait l'honneur de m'envoyer. Je ne suis pas moins surpris que vous qu'on ose se permettre d'attaquer la doctrine de Bossuet dans le pays même qui doit éternellement s'honorer d'avoir produit

[1]. *Essai sur l'instruction publique*, p. 431.

ce grand homme. Mais, (continuait M. de Bausset, moins prévoyant sur ce point que M. Rendu,) je ne puis partager vos inquiétudes sur le succès de pareilles attaques. Bossuet est et sera toujours l'oracle de l'Église gallicane : c'est dans ses écrits comme dans sa conduite que le clergé de France ira constamment puiser les règles de ses sentiments. Il a fixé toutes nos traditions ; celui qui ira plus loin que lui, s'exposera à se tromper ; celui qui s'écartera de la ligne qu'il a tracée, sera le jouet de ses propres illusions. Ce sera toujours à Bossuet qu'il faudra revenir pour être bon catholique, bon Français, bon citoyen.

« Vous savez, monsieur, combien je vous suis sincèrement attaché,

« Le cardinal de BAUSSET. »

« Telles étaient, écrivait M. Rendu en 1819, les vues de l'Université naissante, telles elles furent toujours ; telles étaient aussi les dispositions du clergé qui depuis..., mais alors[1].... »

1. *Essai sur l'instruction publique*, t. I, p. 240.

IV

Les principes qui soutiennent une institution nouvelle ne valent que ce que valent les hommes appelés à les appliquer. Lorsque l'Université fut créée, la grande affaire fut donc, avant tout, l'organisation du personnel.

« Vous êtes responsable, avait dit l'Empereur au premier grand maître. Je vous fais *chef d'ordre;* choisissez vos hommes, cela vous regarde. » Pour cette œuvre délicate, Ambroise Rendu fut l'*alter ego* de M. de Fontanes.

Le premier acte universitaire du grand maître et d'Ambroise Rendu est ce billet, écrit en commun à M. Philibert Gueneau de Mussy, trois jours après la signature du célèbre décret :

« Paris, le 20 mars 1808.

« Venez, mon ami. Je vous aimais; je puis vous le prouver. Venez, venez avec abandon, confiance et courage. Je vous attends tous les jours.

« FONTANES. »

Puis vient le *post-scriptum*, de la main de M. Rendu :

« Ambroise embrasse son bon ami. *His amor unus erat.... Communi portam statione tenebant.* »

Jamais amitié intellectuelle ne justifia mieux un tel rapprochement.

Un jour que le grand maître préparait la liste des conseillers titulaires (août 1808) : « Et notre ami M. de Bonald ? lui dit Ambroise Rendu, n'est-ce pas là sa place ? — Vous avez raison, répondit M. de Fontanes, je vais en parler à l'Empereur. » Dès le lendemain, la proposition était faite. L'Empereur avait manifesté du goût pour l'auteur de la *Théorie du pouvoir*, et M. de Fontanes avait cherché plusieurs fois à mettre ces dispositions à profit dans l'intérêt de l'ancien et déjà illustre collaborateur du *Mercure*[1]. Quand M. de Bonald fut proposé pour la place de conseiller titulaire : « Je le veux bien, dit l'Empereur, mais il refusera. » Sans refuser, M. de Bonald, qui vivait dans sa terre du Monna (Rouergue), hésita fort longtemps à venir occuper son poste. Dans l'intervalle, le vainqueur de Wagram, impatient de cette hésitation de l'écrivain, interpellait fréquemment le grand maître à son sujet : « Eh bien ! et votre M. de Bonald ? — Sire, je l'attends, » était obligé de répondre M. de Fontanes, avec les variantes que suggérait l'amitié. Deux années s'écoulèrent ; M. de Fontanes avait mis en campagne l'abbé Émery, qui avait usé de son influence sur M. de Bonald ; mais M. de Bonald était toujours au Monna ; ne sachant plus trop quelle contenance garder vis-à-vis du maître, M. de Fontanes écrivit enfin au philosophe retardataire le billet que voici :

« Je désire votre apparition à Paris pour votre avantage et pour celui de votre famille, j'ose dire pour votre gloire, et surtout pour celle de l'établissement qui m'est confié. Je crois, avec tous vos amis, que le temps des incertitudes est passé. Je vous donne ma parole qu'il suffira de *paraître*, et qu'il n'est point question de *rester*. M. de Bausset, l'ancien évêque d'Alais, assiste à deux ou trois séances par an ; il se réfugie à la campagne pendant dix ou onze mois, et personne ne le trouve mauvais. Il dépend de vous d'être fort utile ; et dans vos déserts, avec tout le talent de l'être, vous n'êtes pas toujours placé au point favorable. »

M. Rendu écrivait de son côté :

« Pour l'amour du ciel, montrez-vous ; nous sommes au supplice. Nous avons votre nom, c'est beaucoup ; mais donnez-nous au plus tôt votre personne. Vos amis à part, vous savez qui vous attend. »

1. M. de Fontanes écrivait à M. de Bonald, le 17 septembre 1806 : « A l'audience, on est venu à moi avec l'air de la plus sincère bienveillance : « Que votre ami vienne à Paris ; à deux cents lieues, il est difficile de se bien entendre. » Voilà les propres mots de *celui qui peut tout.* J'ai répété ce que je savais des devoirs qui vous enchaînent dans vos montagnes. On ne m'a répondu que par ces mots : « *Qu'il vienne !* »

Enfin M. Molé, alors directeur des ponts et chaussées, se mit de la partie :

« Permettez-moi de former un vœu, disait-il (20 mai 1810), celui que forment tous ceux qui vous connaissent : c'est de vous voir venir prendre votre place dans le conseil de l'Université. Vous y êtes appelé à la fois par le choix du prince et par la voix de l'opinion. Je ferais bien vite réparer vos routes, ajoutait-il gracieusement, s'il ne fallait que cela pour vous engager à les parcourir dans cette direction. Je voudrais avoir le droit de vous exprimer à ce sujet toute ma pensée, et d'y joindre mes instances. »

Certes, M. de Bonald pratiquait dans toute son étendue la maxime des anciens sages : *Rogari et non rogare*[1]. On peut trouver qu'il la pratiquait trop. Le philosophe *se montra* enfin. Mais il semble bien que le nouveau titulaire prit à la lettre l'invitation de *paraître*, et qu'il s'arrangea au plus tôt pour ne *conseiller* l'Université que de loin ; car j'ai sous les yeux deux billets écrits par lui aux mois de novembre et décembre 1811, et ces deux

---

[1]. M. de Bonald, à cette même époque, résistait à d'autres et plus hautes instances. Il déclinait l'offre qui lui était faite par le roi de Hollande de venir se charger de l'éducation de son second fils, alors âgé de cinq ans et demi. Cette particularité de la vie de M de Bonald est peu connue. Dans la lettre que lui écrivit le roi Louis (1er juin 1810), lettre aussi honorable pour celui qui l'écrivait que pour celui à qui elle était adressée, on remarque ces passages :

« .... Je voudrais qu'il (mon fils) fût *homme* avant de savoir qu'il est *peut-être* destiné à commander à ses semblables ; je voudrais que l'expérience des temps et des hommes pût lui servir réellement, et qu'il reçût non l'éducation des mots, mais celle des choses.

« Après avoir cherché partout, j'ai réfléchi, monsieur, que sans vous connaître autrement, vous étiez un des hommes que j'estime le plus ; il m'a paru que vos principes étaient conformes à mes sentiments. Vous me pardonnerez donc, monsieur, si ayant à choisir quelqu'un à qui je désire confier plus que ma vie, je m'adresse à vous. C'est le cas de bien choisir. Si donc le bonheur dont vous jouissez sans doute dans une modeste retraite ne vous a point rendu insensible au bien que vous pouvez faire, je ne dis pas à moi, à un individu, mais à toute une nation plus estimable encore que malheureuse, et c'est beaucoup dire.... Acceptez d'être le gouverneur de mon fils.... Si l'on vous parle de ce pays et de moi, nos malheurs nous donneront sans doute des torts que nous sommes loin de mériter. Remettez votre jugement sur tout cela, je vous prie, jusqu'au moment où je pourrai me défendre. Vous verrez alors, monsieur, qu'attaché par devoir et par inclination à un pays dans lequel je suis venu d'abord malgré moi, j'ai tout bravé pour y remplir des devoirs bien difficiles ; tout, jusqu'à passer pour avoir renié mon pays et n'être plus Français, tandis que mon cœur, depuis longtemps, ne palpite plus qu'à ce nom.... Adieu, monsieur, veuillez me répondre franchement. Ne craignez pas de me causer de chagrin si vous ne croyez pas pouvoir accepter. J'y suis accoutumé ! La seule chose à laquelle je ne m'accoutumerais jamais, c'est de ne point mériter l'estime de personnes telles que vous.

« LOUIS-NAPOLÉON. »

billets sont datés du Monna. Les billets en question sont, du reste, très-curieux. L'un donne le jugement de M. de Bonald sur le décret du 15 novembre, au sujet duquel, en vérité, l'*ermite* du Rouergue n'avait guère le droit de s'étonner de n'avoir pas *trop été consulté*. L'autre fait connaître sa pensée sur le corps *laïque* enseignant :

« .... Voilà, écrit M. de Bonald après avoir recommandé à M. Rendu la nomination d'un professeur, voilà une nouvelle organisation sous certains rapports donnée au corps enseignant par le dernier décret. Je crois que *nous n'avons* pas trop été consultés, et il y a bien par-ci par-là quelques dispositions auxquelles *nous aurions*, je pense, proposé des modifications et peut-être mieux que des modifications. Il me semblerait assez naturel que le corps enseignant fût entendu (le solitaire du Monna ignorait naturellement les délibérations du conseil de l'instruction publique qui avaient préparé le décret de 1811) sur les lois relatives à sa discipline et à sa juridiction, etc.; autrefois, c'eût été ainsi; mais *nous avons changé tout cela.* Il faut espérer que la puissance qui crée imprimera la vie à son ouvrage, et nous dira aussi de vivre, après nous avoir dit d'*être.*

« Nous avons vraiment besoin de le penser ainsi; car, en lisant attentivement ce décret, et en regardant autour de soi, on peut craindre de grandes difficultés d'exécution. Quoi qu'il en soit, le conseil aura de la besogne, et sera souvent transformé en tribunal judiciaire, surtout s'il faut faire droit aux plaintes des inférieurs contre les supérieurs, auxquelles il me semble qu'on ouvre une porte bien large. Espérons pourtant que la prévoyance de la loi sera frustrée, et qu'on ne verra pas, entre les membres du corps enseignant, les scandales, les querelles, les injures sur lesquelles elle a si sagement statué à l'avance. Pour moi, je vous déclare que je veux vivre en paix avec tous mes collègues, et surtout avec vous; et que, si je suis provoqué, je renonce au bénéfice de la loi.

« Adieu. Vous me ferez plaisir de me parler de votre opinion, et en général de l'opinion du conseil sur ce décret, que je n'ai pas encore étudié, attendu que je ne l'ai lu que dans un journal, où peut-être il n'était pas en entier. Je me suis plus attaché, en le lisant, aux choses de discipline qu'à celles d'instruction ; *on est toujours assez instruit, jamais assez bien discipliné!* »

La seconde lettre est plus piquante peut-être; on y saisit bien l'esprit qu'apportait et la nuance que représentait M. de Bonald au sein du conseil de l'Université impériale :

« Au Monna, 29 novembre 1811.

« Je profite, mon cher collègue, du départ de mon fils pour le séminaire Saint-Sulpice, pour répondre à votre aimable lettre.... Notre chère Université m'occupe comme vous. Elle vient même de m'occuper comme un inspecteur général, puisque je suis allé à Rodez réorganiser le lycée, d'après un arrêté du grand maître; ce lycée, je crois, ira mieux; il ira à peu près comme ceux qui vont bien. Mais, mon Dieu! pourquoi ne vont-ils pas tous bien? Pourquoi l'institution ne fait-elle pas aller les hommes? Pourquoi le succès de ces établissements dépend-il presque exclusivement du caractère de celui qui est à la tête ? Et comme pour un homme qui sait gouverner, il y en a trois qui n'y entendent rien, il y a donc toujours trois à parier contre un que l'établissement n'ira pas.

« C'est, mon cher ami, qu'il n'y a et ne peut y avoir dans un corps *laïque* que des individus, que des vues personnelles d'ambition et de fortune; c'est que tous veulent avancer; et que, par conséquent, personne ne se regarde comme placé définitivement, à moins que la volonté du chef n'en dispose autrement; c'est que le professeur de première année de grammaire est jaloux du professeur de deuxième; celui-ci du suivant, et ainsi de suite jusqu'au censeur, qui travaille à devenir proviseur, et ce dernier à se reposer dans une place moins active. On croirait peut-être qu'il doit naître quelque chose de bien de ce concert d'émulation. Non.... l'émulation est bonne entre des enfants ou des élèves, parce qu'elle ne peut être à cet âge, et dans cet état, que concurrence d'esprit, d'application, de conduite; mais entre hommes et hommes faits, occupés du présent, et surtout de l'avenir, qui ont ou veulent avoir une famille, une existence, des honneurs et de la fortune, cette émulation, ou plutôt cette rivalité, est de l'intrigue, de la jalousie, etc., etc. ; qui, bien loin d'aider à remplir des devoirs réguliers et modestes, empêchent de s'en occuper, et sont cause que chaque professeur aime mieux faire un livre que sa classe. Enfin les choses sont ainsi, et il faut en tirer le meilleur parti possible. »

Cette dernière phrase indique assez exactement la situation de M. de Bonald vis-à-vis de l'Université : mariage de raison plutôt que d'inclination. Bien qu'il y ait séparation de corps à peu près complète, au moins désire-t-il, — et sa curiosité est légitime, — être instruit en gros de ce qui se passe chez lui. Il dit donc à M. Rendu, en terminant sa lettre :

« Que devenez-vous à Paris ? Fait-on ou ne fait-on pas de nouveaux lycées ? Et où les place-t-on ? Établit-on enfin cette École normale qui est encore sous des tentes ? Je suis accablé de questions à ce sujet. Il y a une foule de jeunes gens qui attendent, et qui, en attendant, ne prennent aucun parti, et pour lesquels il sera peut-être trop tard de songer à un autre état.

« Adieu, mon cher collègue; croyez aux sentiments d'estime et d'attachement bien tendres et bien sincères que je vous ai voués.

« DE BONALD. »

M. Rendu donnait au grand maître des collaborateurs non plus illustres, mais plus actifs, quand il faisait inscrire sur la liste des inspecteurs généraux MM. Poinsot et Ampère.

M. Poinsot n'avait pas été compris au nombre des inspecteurs généraux de première désignation, qui prêtèrent serment entre les mains du grand maître, à la seconde séance du conseil impérial de l'instruction publique (2 octobre 1808); ce ne fut qu'une année plus tard (25 novembre 1809) qu'Ambroise Rendu obtint la nomination de son ancien camarade de l'École polytechnique. Je trouve le billet suivant de M. Poinsot, daté du jour même de cette nomination :

« Je vous écris *aujourd'hui lundi*, mon cher Rendu, en pensant à ce qui se fait d'intéressant pour moi à Fontainebleau. Vous ne sauriez croire combien j'ai à cœur de pouvoir coopérer un peu à la grande machine. L'Université n'est encore qu'un enfant; mais cet enfant a déjà les pieds si forts et les jointures si solides qu'on peut bien y entrevoir un Hercule.

« Vale et me ama. »

M. Poinsot entrait dans l'inspection générale avec MM. Castel, Dupuytren et d'Andrezel.

M. Rendu ne cessa depuis lors d'entretenir avec le célèbre mathématicien les plus franches relations de camaraderie. Je trouve, à quarante années de distance, de la main de M. Poinsot, ce billet, qui reflète les pensées d'un autre âge et des impressions enfantées par les désenchantements d'une longue vie; il vaut la peine d'être cité :

« Je vous remercie bien, mon cher ami, de vos nobles et excellentes *Réflexions*. Je les ai lues hier avec beaucoup de plaisir. Ce que vous dites de ce grand principe, qui est l'âme de notre religion et de notre monarchie, est très-juste et bien mis au jour. Vous remplissez votre devise : *Que l'obéissance soit raisonnable*. Mais, mon cher ami, où en sommes-nous? où allons-nous? J'ai le cœur et l'âme découragés. J'envie votre fermeté, votre confiance, votre espoir tiré d'en haut. Beaucoup de belles choses pourront encore arriver; mais je ne crois pas que nous les voyions. Les hommes de ce jour n'ont pas de boussole, point de maxime forte qui les dirige, qui mène les masses. Il y a quelques années, ils étaient du moins liés entre eux par la crainte commune d'un violent despotisme; ils savaient de quel côté faire effort. Aujourd'hui la société est disloquée. Bonaparte a manqué tout à coup sous l'Europe, et l'Europe est tombée à plat, ou se relèvera peut-être à la fin; mais il faudra qu'il se reforme dans toutes les têtes quelque grande idée commune qui de nouveau enchante le monde, ou quelque despotisme qui ramène les hommes à la simple raison. »

Je ne connais pas la réponse que fit mon père à cette lettre; mais je crois le voir jetant à son vieux camarade quelques-unes de ces fortes maximes par lesquelles il savait relever les âmes.

Quant à M. Ampère, des circonstances spéciales l'avaient uni à M. Rendu par les liens de l'amitié la plus intime et lui avaient fait de cette amitié un besoin, et comme un refuge au milieu de ses peines. Cet esprit créateur, ce savant universel, était d'une simplicité et, l'on peut dire, d'une candeur d'enfant. N'ayant qu'un défaut, une vivacité d'impressions qui, dans les discussions scientifiques, allait jusqu'à la violence des paroles, cet excellent cœur, quand la passion de la controverse l'avait poussé au delà des bornes, ne pouvait porter le poids de sa *faute*; et il lui fallait conquérir son propre pardon par un aveu; sa correspondance témoigne de cet empressement à s'accuser lui-même, qui est pour ce génie le plus touchant des éloges :

« J'ai inspecté le collége, écrit-il un jour à M. Rendu; le proviseur porte au fanatisme son admiration pour Condillac. Je dois vous confesser que nous avons eu une discussion beaucoup trop vive, sur ce qu'il m'a dit que Descartes, Leibnitz, etc., n'avaient rien compris à la métaphysique; et que Condillac était le génie le plus profond, créateur de la science. C'est alors que j'ai eu le malheur de me laisser emporter à ma vivacité, en lui répondant qu'il n'y entendait rien. Cela en est resté là; et le lendemain nous nous sommes revus avec autant de plaisir et d'affection qu'avant cette malheureuse dispute; j'en ai à présent un vif regret. Le recteur et lui m'ont accompagné à la voiture, et nous nous sommes embrassés en nous quittant. »

La confiance de M. de Fontanes concentrait les rapports de l'inspection générale entre les mains de M. Rendu. Ce fut lui qui, assisté par M. Gueneau de Mussy, organisa tout le personnel des Facultés et des lycées. La tâche était lourde; car un immense travail d'épuration avait été reconnu nécessaire; et du milieu de quelles ruines morales il fallait tirer les établissements placés désormais sous le contrôle de l'Université! On peut apprécier par le passage suivant d'une sorte de rapport de M. Joubert à M. Rendu le genre de difficultés qui se rencontraient à chaque pas :

« .... Après ce professeur, vient un M. R***, P. M., quelle note! Ce Prêtre Marié a satisfait à tout ce que le clergé a exigé de lui pour expiation de sa faute. Le scandale n'en subsiste pas moins.

« M. C***, autre P. M., peu scandaleux, parce qu'il a soixante-dix ans, et sa femme autant. Il paraît doué d'un talent particulier, et le collége qui en a profité demande qu'on le laisse subsister en paix. On m'a seulement prié de lui recommander d'aller plus souvent à l'église.

« Je dois vous dire, continue M. Joubert, que le principal curé de la ville, M. V***, homme d'esprit, ancien grand vicaire et excellent curé, est d'accord avec le directeur du collége dans la recommandation d'indulgence et de tolérance en faveur des sujets marqués du malheureux signe P. M. Le préfet aurait été plus rigoureux, et moi aussi, peut-être. Ce n'est pas la première fois que les moralistes sont plus sévères que les casuistes, parce que les premiers ne voient que la faute, et que les autres prennent garde à la puissance et au mérite du repentir. Rapportons-nous-en aux casuistes, et laissons-les *ensevelir leurs morts.* »

J'ai sous les yeux bon nombre de lettres adressées à M. Rendu, à ce moment d'organisation générale, par ses collègues de l'Université et par des hommes éminents à des titres divers : le duc de Plaisance, le cardinal de Belloy, Mathieu de Montmorency, La Fayette, l'abbé Émery, le prince de Broglie, Mgr de Bausset, Haüy, M. Molé, etc. Ces lettres témoignent du rôle que la confiance absolue du grand maître avait attribuée à son *lieutenant;* elles témoignent en même temps de la crainte religieuse avec laquelle M. Rendu portait le poids de la responsabilité.

Dans cette appréciation des titres de prétendants si nombreux, M. Rendu dut plus d'une fois déplaire à des personnages considérables, ou, ce qui était plus pour lui, à ses amis particuliers, et s'exposer à leurs plaintes : un homme illustre qui, dès cette époque, tenait beaucoup à l'influence lorsqu'il n'exerçait pas le pouvoir, un grand esprit de qui les mécontentements se traduisaient facilement en termes amers, M. Royer-Collard, avait recommandé une nomination à M. Rendu. Cette nomination n'eut pas lieu :

« Il m'est impossible de ne pas vous exprimer tout le chagrin que j'en ressens, écrit aussitôt le futur président de la chambre. Il est tel que je dois prendre la résolution de m'interdire à l'avenir toute relation qui ne sera pas prescrite par les statuts. Ce n'est pas ma voix, sans doute, que la raison doit emprunter pour se faire entendre; et dans l'Université comme ailleurs, le concert des honnêtes gens est une chimère dont il faut absolument se désabuser. Puisque je dois rester seul de toutes manières, je ne serai comptable que de la mesure de bien qu'on peut produire par ses propres forces, et sous l'action des circonstances les plus décourageantes. »

Quelques mois après, M. Royer-Collard était revenu à une appréciation plus calme des choses; et assurant M. Rendu « de sa reconnaissance, » lui disait : « Je compterai dans toutes les situations sur votre sincère amitié; j'y ai droit par mes sentiments pour vous. »

C'était le moment où M. Royer-Collard se préparait à inaugurer, dans la chaire de la Sorbonne, l'enseignement qui devait arracher à Condillac le sceptre philosophique. Dans une lettre du 17 juillet 1811 je trouve ces mots, qu'il est curieux de noter :

» On m'écrit que le cours de l'histoire de la philosophie a fini, *faute de combattants.* Je ne sais si je dois me flatter d'être plus heureux que M. Millon. Comme je suis bien moins savant, si j'ennuie, ce sera bien plus ma faute. Je ne laisse pas de travailler sans relâche, et j'y perds mes pauvres yeux. J'espère avoir amassé d'ici au mois de novembre les matériaux de trente ou quarante leçons. »

Simple et bien modeste annonce d'un cours qui allait commencer une révolution scientifique !

J'ai cité quelques lignes de M. Joubert, ce rêveur aux traits incisifs, de qui Mme de Chatenay disait « qu'il avait l'air d'une âme qui a rencontré par hasard un corps et qui s'en tire comme elle peut. » Il est curieux de surprendre *cette âme* dans l'exercice de fonctions administratives, et, qu'on me passe le mot, en flagrant délit d'inspection générale. Je trouve de M. Joubert, à la date de novembre 1809, une lettre-rapport adressée à M. Rendu sur l'état de l'enseignement dans la ville d'Auxerre. On ne lira pas ce document sans plaisir. La verve piquante du moraliste ne s'éteint pas sous les détails d'un rapport quasi officiel; et la pesante armure administrative n'enchaîne point la liberté de ses mouvements. J'ai d'ailleurs une autre raison de citer ce rapport; il témoigne de la nature du rôle que remplissait M. Rendu, à qui ses collègues, dans l'inspection générale, s'adressaient comme au grand maître, et à qui ils disaient : *Soyez centre.*

A M. Rendu, inspecteur général de l'Université impériale.

« Auxerre est une ville heureuse en éducation. Non-seulement son collége est très-bon, mais ses petites pensions, ses répétiteurs, ses maîtres d'école même (à l'exception d'un seul) sont excellents.

« Cinq Frères de son ancienne école de Saint-Charles, c'est-à-dire cinq Frères des anciennes écoles chrétiennes, se sont établis dans cette ville, qu'ils n'ont pas quittée un instant, même pendant la Révolution, et y instruisent les enfants du peuple, conformément à l'excellente méthode prescrite par leur instituteur.

« Le collége a pour chef dom Laporte, ancien directeur de l'école militaire de cette ville, et dom Ducastel, ancien professeur dans le même établissement; deux hommes amis de l'ordre et des enfants, et plus semblables à deux jésuites qu'à deux bénédictins.

« La rhétorique est enseignée par M. Bruchet, jeune homme vertueux, successeur de M. Legrand, honnête et aimable jeune homme que vous avez fait, très-mal à propos, ne vous en déplaise, censeur au lycée Bonaparte.

« La physique, par M. Roux, homme et physicien irréprochable aux yeux des directeurs eux-mêmes, mais *qui ne connaît pas le ciel*, ignorance qu'il a soin de dissimuler; étudiant, il n'a pas l'impudence d'être fier, comme le sont ailleurs quelques-uns de ses pareils.

« Le conservateur et le propagateur de la langue grecque à Auxerre, est M. Paulvé, vénérable vieillard qui a été le seul maître qu'ait eu l'abbé Sicard, traducteur de Plutarque. Je vous parlerai beaucoup de M. Paulvé quand je vous verrai. Il a cinquante ans d'enseignement et soixante-dix ans de vertus; d'innocence, de bonheur, de bonnes œuvres. Son visage toujours riant rend contents et religieux ceux qui le regardent. Il tient, indépendamment de sa place de professeur, une petite pension où les enfants sont tous gais et studieux. Il faut lui laisser cette pension et lui donner sa retraite de professeur qu'il est loin de solliciter, car *il peut*, dit-il, *travailler encore*. Il serait, en effet, encore capable d'enseigner, mais il ne peut plus se faire entendre. Sa voix lui suffira dans sa maison, mais ne peut plus remplir sa classe. Occupez-vous sérieusement de diminuer ses travaux et d'assurer le repos de ses derniers jours. Auxerre vous bénira....

« Le quatrième instituteur latin à Auxerre, est M. Trébuchet, dont vous m'aviez adressé le frère. C'est un ancien élève de M. Paulvé, un jeune homme qui a été élevé dans des principes austères et qui les suit. C'est un honnête garçon, mais d'un extérieur un peu ridicule, bégayant, ayant la voix sourde et voilée. On ne m'en a point dit de mal, on m'en a même dit du bien; et ceppendant (*sic*) il se croit des *ennemis acharnés*. Il est ardent et n'a pas toujours été prudent dans ses ardeurs, de son propre aveu. Il faut le laisser où il est et ne pas le placer où il aspirait être : il voulait être professeur. Je lui ai dit franchement que je ne *croyais pas que ce fût la volonté de Dieu* (« personæ convenientia cuique »); que le peu de portée de sa voix *était un indice qu'une pareille place n'entrait pas dans sa vocation*. Et aussitôt (ô prodige!), me regardant comme son supérieur dans la hiérarchie littéraire, sa bouillante ambition s'est apaisée à mes paroles; il est rentré dans un calme parfait, et m'a dit avec une espèce de joie : « *Si vous ne croyez pas, monsieur, que je sois propre à ces fonctions, j'y renonce dès ce moment sans aucune espèce de peine.* » Oh! que la vertu est puissante et belle quand elle vient du ciel, et par quelque point qu'elle s'y rattache!... Cet *honnête Trébuchet* est, au surplus, soupçonné d'un peu de jansénisme; mais il est plus près de Saint-Médard que de Port-Royal; il a lu les *Nouvelles ecclésiastiques* que je lui ai dit être un mauvais livre. Je lui ai conseillé Nicole. M. Paulvé, lui, est un homme de Port-Royal, plus aimable que Lancelot, moins haut de stature qu'Arnauld d'Andilly. Il ressemble à M. Hamon; et je gagerais ma tête qu'ils seront à côté l'un de l'autre en paradis.

« Voilà Auxerre. Je continuerai mes visites une autre fois. L'heure de la poste qui sonne m'ordonne de finir ici.

« Donnez-moi de vos nouvelles *et des nouvelles*. J'attends Gueneau incessamment. J'ai tant à dire, tant à écrire, que la tête m'en tourne, mon estomach (*sic*) en est accablé, et ma santé est exécrable. Gardez la vôtre. Sans cet instrument. on ne fait rien qu'imparfaitement. J'écris à M. Martin; demandez-lui pourquoi. — Et *soyez centre*. — Bonjour.

JOUBERT.

« *P. S.* — J'ai écrit deux fois au grand maître. Il aurait pu, du moins, me faire dire qu'il m'avait lu. Je ne lui écrirai plus de ma vie, quoique la fantaisie m'en prenne de temps en temps. — Voilà qui est dit, je ne lui écrirai plus.

« 8 novembre, mercredi, 1809. »

Que dit-on de ces coups de plume? Comme l'*honnête Trébuchet* et le respectable Paulvé, qui *sera en paradis à côté de M. Hamon*, prennent corps et vie dans cette peinture! Et quelle heureuse fortune, dans un rapport scolaire, de rencontrer de tels portraits!

Je ne saurais omettre ici la mention d'un service tout spécial dont le grand maître fut redevable à M. Rendu, et qui valut à l'Université un de ses fonctionnaires les plus utiles. Au commencement de l'année 1809, M. de Fontanes avait prié M. Rendu de lui donner un secrétaire particulier. M. Rendu présenta quelques jours après un candidat dont il traçait le signalement ainsi qu'il suit :

« Un jeune homme ;

« Ayant fait de bonnes études, très-instruit ;

« En état de rédiger également un rapport, une lettre, un arrêté ;

« Laborieux ;

« Très-discret ;

« Accoutumé à la bonne compagnie ;

« Pouvant venir à Paris par congé, et y être éprouvé pendant un mois. »

Ce jeune homme qui méritait d'être présenté au grand maître en des termes si favorables, pour un poste de confiance, était M. Rousselle. D'abord maître d'études au collége de Bruxelles, puis chef du secrétariat du préfet du département de Jemmapes, M. Rousselle allait être associé au travail d'organisation de l'Université naissante. Son zèle et sa rare intelligence des affaires devaient être récompensés plus tard par le titre d'inspecteur de l'Académie de Paris, et par celui d'inspecteur général, en attendant que l'exercice des importantes fonctions de vice-recteur vînt mettre dans tout leur relief les deux qualités qui le distinguaient singulièrement : une raison très-droite et un jugement plein de finesse. Le respect affectueux de l'Université a suivi cet homme excellent dans la retraite honorée où nous avons été nous-même faire appel à ses riches souvenirs, et où sa mémoire se plaît à remonter le cours de cette histoire universitaire, dont il reste aujourd'hui le dernier et fidèle témoin.

Une question très-importante, question d'administration générale en même temps que de personnel, occupa spécialement M. de Fontanes et M. Rendu, et donna lieu à une curieuse discussion entre l'Empereur et le grand maître, au commencement de 1809 ; je veux parler de l'organisation des rectorats.

Le 22 février de cette année, le grand maître présentait, dans une note à l'Empereur, le compte rendu des six premiè-

res semaines de son administration [1]. La note était ainsi con-
çue :

    « SIRE,

 « Le grand maître a pris le gouvernement de l'Université au 1er janvier 1809.

 « Dans l'espace des six semaines qui se sont écoulées depuis cette époque, il a travaillé constamment avec le conseil à remplir les grandes intentions de Votre Majesté.

 « Tous les règlements de détail se préparent, et ceux qui ont besoin de sanction seront bientôt soumis au conseil d'État.

 « Le grand maître aurait voulu organiser aussitôt toutes les Académies, et nommer les recteurs. Ce parti l'aurait soulagé personnellement ; mais la création subite des Académies entraînait des dépenses considérables ; on a dû établir les recettes avant les dépenses.

 « Il eût été trop onéreux à l'Université d'avoir des agents particuliers pour la perception de ces revenus. Les frais auraient absorbé les recettes. On a dû préférer les moyens employés par le gouvernement lui-même. Le grand maître s'est concerté avec le ministre du trésor public. Déjà les fonds arrivent et peuvent se distribuer dans tout l'Empire par la voie la plus sûre, la plus rapide et surtout la plus économique : je veux dire une simple correspondance avec les receveurs des contributions dans les départements et avec la caisse de service à Paris.

 « Toutefois, l'Académie de Paris devant être le modèle de toutes les autres, le grand maître s'est occupé de son organisation dès les premiers instants.

 « Suivant le décret du 17 mars, le conseil de l'Université remplit, à Paris, les fonctions du conseil académique.

 « La conséquence naturelle était que le grand maître, président-né du conseil de l'Université, devait être le recteur de cette première Académie.

 « Mais en même temps, il a senti que les affaires générales de l'administration exigeaient tous ses soins, et il a délégué près de chaque Faculté un conseiller titulaire chargé d'exercer en son nom les fonctions rectorales.

 « Le grand maître a fait visiter avec la plus grande attention, par les inspecteurs généraux, les lycées et tous les établissements d'instruction publique de Paris et de la banlieue. Les inspecteurs sont partis pour les départements ; et dans quelques mois, il aura probablement rassemblé tous les matériaux nécessaires pour le tableau général qu'il doit soumettre à Votre Majesté.

 « Il ne peut avoir encore une idée suffisante de la situation morale et financière des diverses écoles de la France au moment où elles ont passé entre ses mains. Il sait seulement que plusieurs lycées accusent un déficit assez considérable. Votre munificence et votre justice viendront sans doute au secours de ces établissements. Il ne peut être dans l'intention de Votre Majesté de faire supporter à l'Université naissante les dettes de l'administration qui l'a précédée.

 « Je viens maintenant, Sire, à l'objet qui, dans ce moment, est le plus important pour l'Université.

 « La correspondance est énorme : elle est surchargée de mille affaires qui se discuteraient beaucoup mieux sur les lieux mêmes qui les voient naître. Elle absorbe un temps précieux que réclament de plus grandes choses.

 « Le besoin du service demande que les affaires s'éclaircissent et s'abrègent

---

1. La minute de cette note, écrite par M. Rendu, porte quelques corrections de la main de M. de Fontanes.

en passant par les représentants du grand maître. Ce sont les RECTEURS qui, destinés à former dans les diverses Académies de la France autant de centres particuliers aboutissant tous à un centre unique, rendront nécessairement plus prompte et plus sûre l'action du grand maître.

« En conséquence, j'ai l'honneur de présenter à Votre Majesté une liste des hommes que je crois le plus dignes de ma confiance et le plus propres à me seconder dans tout ce que je veux et dois faire pour accomplir toutes les obligations qui me sont imposées. »

Le génie de l'Empereur s'appliquait à tout. Aucun intérêt n'était en dehors de la sphère de sa prodigieuse activité. Le jour même où la note qu'on vient de lire était placée sous ses yeux, il y répondit en dictant les quelques lignes suivantes, où sa pensée sur le rôle du rectorat se trouvait condensée :

« Les recteurs sont *ad honores*. Ils ne doivent avoir que le traitement de la place qu'ils occupent au moment où ils sont nommés, et n'ont droit à aucun payement comme *recteur*.

« Il faut, si l'on nomme un proviseur recteur qu'il conserve sa place de proviseur. Celle de recteur donne peu d'occupations.

« Il y a à examiner si les recteurs sont à vie, et s'il ne conviendrait pas de limiter à cinq ans la durée des fonctions des recteurs de la première nomination. »

La nomination des recteurs fut ajournée.

M. de Fontanes ne se tint pas pour battu. Il savait que l'Empereur, loin de redouter la contradiction dans les questions de détail, la provoquait. Cette discussion par notes si rapidement échangées est d'un grand intérêt. Elle donne une idée de la manière dont les affaires étaient conduites et menées à bonne fin sous le regard ardent du grand homme.

A l'heure même où la note ci-dessus était remise à M. de Fontanes, M. Rendu reprenait la plume et rédigeait la réplique suivante :

« Ce jeudi 28 février 1809.

« SIRE,

« Votre Majesté m'a paru douter de l'importance et de l'utilité des recteurs dans le système actuel de l'instruction publique. Elle me permettra à cet égard de lui soumettre quelques observations fondées sur le texte même des décrets impériaux. (Ici plusieurs articles cités.) Ainsi, aux termes du décret, le recteur est, à chaque portion de l'Université, ce que le grand maître est à l'Université tout entière.

« Chaque recteur est l'âme et le centre de son arrondissement académique. Par lui seul, tous les mouvements que le grand maître imprime peuvent être communiqués à tous les membres. C'est lui qui veille à l'exécution des décrets et des statuts ; c'est par lui que tous les besoins et toutes les ressources peuvent être sûrement connus et régulièrement manifestés à l'autorité chargée du gouvernement général.

« Puisque le recteur est gouvernant, il ne saurait être gouverné ; puisqu'il est surveillant, il ne saurait être surveillé ; puisqu'il doit rendre le compte comme recteur, il ne doit point le rendre comme proviseur ou comme doyen.

« Les recteurs ne sont pas seulement nécessaires pour l'administration de chaque Académie, ils le sont encore pour décharger l'administration centrale.

« J'ajoute une autre observation : l'article 101 du décret du 17 mars assujettit au célibat les proviseurs et censeurs des lycées, les principaux et régents des collèges. En conséquence, aucune femme, d'après l'article 102, ne pourra être logée ni reçue dans l'intérieur de ces établissements. La loi ne soumet pas les recteurs aux mêmes dispositions, et c'est une nouvelle différence qu'elle établit entre les recteurs et les autres officiers d'Académie que je viens de nommer.

« Ces premières réflexions paraîtront sans doute suffisantes à Votre Majesté pour établir tout à la fois et la nécessité de nommer des recteurs et l'incompatibilité des fonctions rectorales avec celles des proviseurs, doyens ou professeurs.

« A la vérité, la nomination des recteurs entraînera de nouveaux frais pour l'Université. Mais d'abord, le premier aperçu de ses ressources me donne la juste confiance qu'elle peut dès à présent suffire à cette dépense ; ensuite, chaque recteur spécialement chargé de la surveillance de son Académie, en même temps qu'il maintient partout l'ordre et la discipline, y exerce sous les rapports économiques, pour les recettes comme pour les dépenses, un contrôle perpétuel et nécessaire. Créer cette nouvelle charge est, au fond, ouvrir une nouvelle source de revenus.

« Une dernière objection serait peut-être la difficulté de loger les recteurs ; mais plusieurs villes qui ont demandé à être des chefs-lieux d'Académie ont offert d'elles-mêmes des bâtiments convenables ; et j'ai lieu de croire que je trouverai partout la même facilité et les mêmes dispositions pour un établissement regardé partout comme un bienfait.

« Je viens maintenant à une considération plus importante que les autres : je veux parler de la nécessité que Votre Majesté imposerait au grand maître de prendre exclusivement les recteurs parmi les agents actuels de l'instruction publique. Je suis loin de prétendre que l'administration précédente ne renfermait pas dans son sein plusieurs hommes dignes de confiance : la liste que j'ai eu l'honneur de soumettre à Votre Majesté en est la preuve. Je ne pourrai me plaindre de voir mettre à la liberté de mon choix des limites qui diminueraient ma responsabilité. Mais Votre Majesté elle-même, qui s'est réservé de confirmer les premières nominations du grand maître, ne bornerait-elle point par là sa propre liberté et les espérances de perfectionnement qu'elle semble avoir attachées à la création de son Université impériale.

« Au reste, je soumets toutes ces réflexions aux vues supérieures de Votre Majesté. J'attendrai sa décision pour savoir :

« 1° Si elle juge convenable d'établir dès ce moment des recteurs ;

« 2° Si les fonctions rectorales seront cumulées avec celles des proviseurs, doyens ou professeurs ;

« Si les premières nominations du grand maître doivent être faites exclusivement parmi les agents actuels de l'instruction publique.

« Dans tous les cas, je dois faire observer à Votre Majesté qu'à l'exception de deux recteurs (M. l'abbé Eliçagaray et M. Victor Desèze), que des qualités éminentes et des circonstances particulières placent dans une exception favorable, la liste que **Votre Majesté** a sous les yeux n'offre que des noms pris dans la classe des agents actuels de l'instruction publique.

« Je suis, etc., etc. »

La question ainsi étudiée sous toutes les faces, l'Empereur maintint la pensée que les recteurs devaient être pris parmi les hommes appartenant déjà au corps enseignant. Mais afin d'élargir, en fait, le cadre des choix du grand maître, tout en respectant le principe, on donna le titre de professeurs de Faculté à ceux des candidats nommés *in petto* qui ne remplissaient pas les conditions prescrites; puis comme, selon la décision impériale, les recteurs ne devaient pas toucher de traitement spécial, un arrêté du conseil statua que ces agents supérieurs, tout en étant dispensés des fonctions d'examinateurs, auraient leur part des droits auxquels donneraient lieu les examens.

La liste des recteurs fut arrêtée le 10 mars 1809; on comptait parmi les chefs des vingt-sept Académies des hommes dont les noms sont demeurés pour l'Université un honneur et une force : MM. Nompère de Champagny (à Lyon), de Bellissens (à Poitiers), Desèze (à Bordeaux), Raynal (à Bourges), de Laporte-Lalanne (à Rouen), Ordinaire (à Besançon), Vacher de Tournemine (à Clermont), de Balbo (à Turin), etc., etc.

La question particulière de l'organisation spéciale du rectorat dans l'Académie de Paris avait été tranchée dès les premiers jours de l'année 1809.

D'après le décret du 17 mars, le *conseil académique* de Paris était remplacé par le conseil impérial de l'Université. Mais qui devait être recteur de l'Académie? Si le fonctionnaire investi de ce titre était un personnage considérable, ne pouvait-il porter ombrage au grand maître, et, sous quelques rapports, le tenir en échec? Si au contraire son nom ni ses talents ne le mettaient hors de pair, de quelle autorité pouvait-il se flatter de jouir sur les hommes éminents dont s'honorait le haut enseignement, à Paris? La solution adoptée par M. de Fontanes, sur l'avis d'un illustre membre du conseil, de Georges Cuvier, fut la suivante : le grand maître seul recteur de l'Académie de Paris, mais s'adjoignant sous le titre de vice-recteurs près les diverses Facultés des conseillers ou des inspecteurs généraux de son choix.

Cette solution, répondant à toutes les objections, satisfaisait à toutes les exigences. « Et en effet, disait M. Cuvier à M. de Fontanes, que redoutent les grandes écoles spéciales et les représentants les plus élevés de l'enseignement? De dépendre d'un homme secondaire chez qui la science ne soit pas au niveau du titre. Or, les grands établissements et les professeurs renommés se trouveront honorés de ne dépendre que de vous. Ils n'auront dès lors aucune raison de ne pas accepter une union intime avec l'Université. Votre travail s'en trouvera plus facile, continuait M. Cuvier, car vous supprimez un rouage sans utilité; un inspecteur général pris dans chaque Faculté pour présider à la marche des écoles s'y rattachant, fera mieux cette besogne et blessera moins les amours-propres qu'un recteur général, nécessairement étranger à plusieurs spécialités. Or, c'est à Paris surtout qu'il faut redouter les amours-propres. »

D'après ces vues, un arrêté du 10 janvier 1809 régla l'organisation du vice-rectorat de Paris; ce vice-rectorat fut partagé entre cinq conseillers titulaires délégués par le grand maître près chacune des cinq Facultés.

Voici les noms de ces auxiliaires, dont nul assurément n'eût été tenté de mettre en doute la haute compétence; une telle organisation, on ne peut le nier, garantissait au grand maître le concours actif des autorités les plus imposantes, et doublait sa force en mettant entre ses mains des instruments admirables :

Vice-recteur de l'Université près la Faculté de théologie, M. l'abbé ÉMERY.

Vice-recteur près la Faculté de droit, M. DE NOUGARÈDE.

Vice-recteur près la Faculté de médecine, M. DE JUSSIEU.

Vice-recteur près la Faculté des sciences, M. CUVIER.

Vice-recteur près la Faculté des lettres, Mgr de BAUSSET, avec M. Noël, inspecteur général, pour suppléant.

Dans une lettre de M. Cuvier à M. Rendu, ce système de vice-rectorat partagé est caractérisé d'une manière remarquable :

« Je m'applaudis fort d'avoir donné un tel conseil à M. de Fontanes, et mieux que personne vous savez comme son esprit souple a immédiatement saisi les avantages de ce système. Le grand maître a ainsi constitué une excellente *administration intellectuelle;* or, dans l'Université, l'administration doit toujours avoir ce caractère. Toute *administration machine,* me disiez-vous excellemment l'autre jour, y serait un fléau, et pour les gouvernés et pour le gouvernant; pour les premiers qu'elle vexerait en les humiliant, pour le second dont elle compromettrait l'autorité et affaiblirait le prestige. »

Pendant que s'élaborait toute cette organisation du personnel, le conseil impérial, composé seulement au début de dix conseillers titulaires, du conseiller secrétaire général[1], du chancelier[2] et du trésorier[3], commençait la série de ses laborieuses réunions. (1er octobre 1808.)

A la seconde séance (2 octobre), les inspecteurs généraux de l'Université furent admis à prêter serment. Voici les noms de ces premiers dignitaires de l'illustre corps :

MM. Royer-Collard, Joubert, Rendu, Gueneau de Mussy, Ampère, Noël, de Coiffier, l'abbé Balland, l'abbé Roman, Le Prévost-d'Iray, Budan, Petitot, Champeaux, l'abbé Villar, l'abbé Despaulx, Pictet.

A cette date du 2 octobre, je trouve le billet suivant de M. de Fontanes à M. Rendu; mieux que bien des phrases, ce billet définit le caractère des relations du grand maître de l'Université, président du Corps législatif, avec le jeune inspecteur général, qui l'assistait en toute occasion :

« Il faut que je vous parle, *mon cher enfant*. Le conseil a pensé que les inspecteurs généraux du *droit* devaient être appelés au serment comme les autres. Cela mérite une lettre un peu courtoise et mesurée. Nous avons dans le nombre un *président à la Cour de cassation*[4]. Je vous attends et vous embrasse.

« FONTANES. »

MM. Chabot de l'Allier, Guieu, etc., prêtèrent serment dans la séance suivante du conseil.

Dès ses premières réunions le conseil aborda la multitude de questions qu'aux points de vue si multiples de l'administration, de l'enseignement et de la comptabilité soulevait la mise en œuvre de la vaste machine dont il s'agissait de faire fonctionner régulièrement tous les rouages. Règlements *sur les Facultés, sur la police générale et sur la comptabilité des lycées*; statuts *sur les diplômes et sur les examens, sur la juridiction de l'Université, sur le degré d'in-*

1. M. Arnault.
2. Mgr de Villaret, évêque de Cazal.
3. M. Delambre.
4. M. Guieu était en même temps secrétaire des commandements de la mère de l'Empereur.

struction dans les diverses écoles; tous ces objets importants furent simultanément préparés.

Dans la discussion à laquelle donna lieu le dernier statut, d'intéressantes questions relatives au régime des études, questions qui ont soulevé à une époque récente d'interminables controverses, furent tranchées résolûment par le conseil :

1°. L'étude simultanée des mathématiques et des lettres sera-t-elle maintenue dans les lycées? ou l'étude des mathématiques ne commencera-t-elle qu'à l'époque où doit se terminer le cours d'humanité?

Le conseil consacra la simultanéité des études.

2° Dans quelle classe d'humanité les élèves commenceront-ils l'étude des mathématiques?

Dans la première classe.

3° Sur le point de savoir dans quelle proportion on combinerait l'étude des mathématiques avec l'étude supérieure des lettres, le conseil statua que le cours de rhétorique serait de deux ans; que les élèves seraient appliqués principalement à la rhétorique pendant la première année, et que la seconde année, pendant laquelle on continuerait l'étude de la rhétorique, serait plus particulièrement consacrée aux sciences exactes.

Le conseil, quels que fussent l'activité et le savoir de ses premiers dignitaires, avait besoin, pour mener à fin ses grands travaux, d'être complété par l'adjonction des membres que devait lui donner chaque année l'article 71 du décret fondamental de 1808. C'était par suite des instructions expresses de l'Empereur que la nomination des *conseillers ordinaires* avait été différée. « Il faut attendre, avait dit le maître, que l'Université soit organisée comme elle doit l'être. Trente conseillers, dans une première formation, ne produiraient que désordre et qu'anarchie. La tête de l'Université doit opposer une force de résistance à toutes les idées fausses et aux systèmes dangereux ; il ne faut donc composer successivement cette tête que d'hommes ayant des vues homogènes, et qui soient l'Université vivante; le véritable esprit de ce grand corps ne se propagera que peu à peu, par beaucoup de prudence, de discrétion et d'efforts persévérants.

« J'ai fait, continuait l'Empereur, voyager mes conseillers d'État
avant de les fixer auprès de moi. Je leur ai fait amasser beaucoup d'observations diverses avant d'écouter les leurs. De même,
les inspecteurs généraux sont, dans ce moment, vos ouvriers les
plus essentiels ; ils rapporteront au conseil beaucoup de faits et
d'expériences ; et c'est là votre grand besoin. Il faut donc les faire
courir à franc étrier dans toute la France ; les bons jugements ne
sont que la suite d'examens répétés [1]. »

D'après ces idées, le conseil ne devait être complété qu'après
plusieurs années d'existence. Cependant les affaires qui s'accumu-
laient ne souffraient pas de retard ; M. de Fontanes obtint de
l'Empereur l'autorisation de se départir de ce que les prescrip-
tions premières présentaient d'absolu ; le 18 novembre 1809, le
grand maître soumit à l'Empereur la liste des *conseillers ordinaires* que sa confiance appelait à participer aux travaux d'organisation.

Voici cette liste :

MM.

JOUBERT, actuellement inspecteur général de l'Université impériale, mon ami
depuis trente ans. J'ai eu plusieurs fois l'honneur de parler de lui à Sa Majesté.

NOEL, actuellement inspecteur général de l'Université.

AMBR. RENDU, *idem.*

GUENEAU DE MUSSY, *idem.*

BALLAND, *idem.* Ancien supérieur de Béthune, l'une des principales maisons
de l'Oratoire. M. Balland a été mon professeur de rhétorique.

DECHAMPEAUX, actuellement inspecteur général de l'Université.

DESPEAUX, *idem.*

VILLAR, *idem.*

DE COIFFIER, *idem.*

ROGER, aujourd'hui membre du Corps législatif. Il avait auparavant travaillé
dans les bureaux de l'instruction publique pendant sept années. Son expérience, son zèle et son activité m'ont déjà été fort utiles. Il s'est dévoué aux
intérêts de l'Université impériale dès son origine ; et chaque jour confirme
l'exactitude des premières impressions qu'il m'a données.

THOURET, doyen de la Faculté de médecine de Paris. J'avais déjà eu l'honneur de le présenter à Sa Majesté pour l'une des places de conseillers titulaires.

DE LANGEAC, chef de mon secrétariat général. J'ai avec lui d'anciennes liaisons
d'étude et d'amitié. Il s'est occupé de littérature toute sa vie. Il connaît très-

1. Instructions verbales données par l'Empereur à M. de Fontanes et recueillies par
M. Rendu.

bien les hommes. Sous tous les rapports, il peut rendre de grands services. Mais j'ajoute qu'il me paraît convenable de placer au conseil le chef de bureau qui doit imprimer le mouvement à toute l'administration, et où aboutissent tous les faits. Il portera dans les discussions les connaissances qu'il acquiert chaque jour, et il y recueillera les motifs des décisions qu'il faut faire exécuter.

GUIEU, membre de la Cour de cassation, secrétaire des commandements de Son Altesse impériale Madame.

CHABOT (de l'Allier), inspecteur général de l'Université impériale pour les Facultés de droit.

Certifié conforme : Le ministre secrétaire d'État,
Signé : HUGUES B. MARET.

Pour être annexé au rapport du ministre de l'intérieur. *Approuvé par S. M. le 18 novembre* 1809.

Ainsi complété, le conseil fut aussitôt partagé en cinq sections entre lesquelles furent répartis tous les membres.

Cette répartition eut lieu de la manière suivante :

PREMIÈRE SECTION. — État et perfectionnement des études.

MM. Cuvier, président; de Jussieu, Legendre, Delamalle, Desrenaudes, Rendu, Thouret, Noël, Gueneau de Mussy.

DEUXIÈME SECTION. — Administration et police.

MM. Gueroult, président; Émery, Arnault, Despaulx, Balland, de Champeaux, Roger, Gueneau, Joubert, de Coiffier, Noël.

TROISIÈME SECTION. — Comptabilité.

MM. Legendre, président; Desrenaudes, Chabot, Thouret, Guieu, Villar, Roger, de Coiffier.

QUATRIÈME SECTION. — Contentieux.

MM. Delamalle, président; de Nougarède, Rendu, Guieu, Chabot, de Langeac.

CINQUIÈME SECTION. — Affaires du sceau.

MM. de Nougarède, président; de Bausset, Émery, Villar, Despaulx, de Champeaux.

En même temps que le conseil impérial commençait ses travaux, l'Université prenait possession des attributions administratives qui, jusqu'alors, avaient appartenu au ministère de l'intérieur. Le 30 décembre 1808 eut lieu la remise des pièces et documents dont celui-ci avait à se dessaisir. Pour procéder à cette opération qui mettait fin, par un fait sensible, à une juridiction que « le conseiller d'État, directeur de l'instruction publique, » Fourcroy, exerçait depuis 1802, le ministre de l'intérieur, M. de Champagny, délégua le chef de son secrétariat général, M. Fauchat. Le grand maître, de son côté, délégua M. Rendu.

Cette remise de pièces fut accomplie dans la forme authentique. Procès-verbal en fut dressé par les représentants du ministre et du grand maître.

Le savant à qui l'Empereur avait préféré, pour la direction de l'Université, un littérateur homme d'État, Fourcroy ne se résigna qu'à grand'peine à laisser échapper la direction de la belle institution dont ses efforts, stimulés par un espoir qui lui échappait, avaient, avec une persévérance active, préparé l'avénement.

Dans une pensée qu'on ne s'explique pas, il désira garder, et garda en effet jusqu'à sa mort, quelques attributions secondaires. Ces attributions se composaient de la préparation des listes de présentation à l'Empereur des candidats aux bourses du gouvernement dans les lycées, et de l'inspection de quelques établissements dépendant immédiatement du ministère de l'intérieur, tels que le Conservatoire de musique.

Mais la cruelle déception devint pour Fourcroy une douleur mortelle. Au mois de décembre 1809, il fut frappé d'une apoplexie foudroyante, au moment où il signait la correspondance qui lui était soumise. Le ministre de l'intérieur proposa à l'Empereur de « ne pas renvoyer le travail de son bureau à l'Université. »

Ainsi fut-il décidé; les Archives de l'Empire conservent la lettre par laquelle M. de Fontanes accuse réception à M. de Montalivet de l'arrêté prescrivant que « le bureau de M. Fourcroy sera provisoirement réuni à l'intérieur. » (Lettre du 2 janvier 1809.)

V

La question de l'instruction primaire. — L'instruction primaire sous la Convention.—
Le premier consul à Malte. — Loi de 1802. — Fondation des écoles normales. —
Mission de Cuvier en Allemagne. — Décret ayant pour but d'assurer les résultats de
cette mission. — Décret du 27 avril 1815. — Action de M. Rendu sur l'instruction
primaire dans cette première période.

L'éducation populaire, qui plus tard devait être confiée à
M. Rendu, au sein du conseil de l'instruction publique, comme
un domaine réservé, fut, dès la fondation de l'Université, l'objet
de son intérêt spécial.

A toutes les époques, la question de l'instruction primaire s'est
imposée aux esprits élevés, et a sollicité l'attention des hommes
d'État. « De 1789 à 1832, elle préoccupe tous les hommes qui
gouvernent ou aspirent à gouverner la France. Quand elle s'éclipse
un moment, c'est devant d'autres préoccupations plus pressantes,
et elle ne tarde pas à reparaître[1]. »

Le jour où, conduisant la lutte de la civilisation contre la bar-
barie, l'Église et l'État, au nom du salut social, déclaraient leur
alliance, et signaient le concordat, ce jour-là, la question de l'instruction primaire en France était nécessairement posée dans des
termes nouveaux. Le premier devoir d'une société qui se relève,
le plus pressant intérêt des gouvernements qui se fondent, c'est de
faire la guerre aux doctrines perverses qui, menaçant les seconds,
ébranlent en même temps la première. Or, on fait la guerre aux
doctrines de deux façons : par la force premièrement, quand de la
sphère abstraite la lutte est passée dans les actes, et que l'épée
appelle l'épée; ensuite et surtout par l'enseignement. C'est peu
d'avoir mis le pied sur la gorge de l'ennemi, si la victoire d'aujour-
d'hui ne crée la sécurité de demain : « Savez-vous, disait un jour

1. M. Guizot, *Mémoires*, t. III, p. 56.

Napoléon Ier à M. de Fontanes, savez-vous ce qui me frappe? C'est l'impuissance de la force à rien fonder. Il y a deux puissances dans le monde : le sabre et l'esprit; et à la fin l'esprit tue le sabre[1]! »

Il faut donc compter avec l'esprit, et opposer une éducation saine à la corruption de l'intelligence. Ce principe fondamental est celui sur lequel devait reposer l'œuvre de 1808. Mais l'Empereur ne voulut pas être seulement, pour la haute culture de l'intelligence, le créateur de l'Université. Dans la sphère de l'éducation populaire, il fut l'auteur de la loi de 1802, le promoteur des plans de 1810, le consécrateur des idées de 1815.

On a contesté les intentions de la première Université et de son fondateur en ce qui touche l'instruction primaire. Rétablissons la vérité de l'histoire. Montrons dans l'enchaînement des faits la perpétuité des idées.

Le général Bonaparte est sur la route d'Égypte. Il s'arrête à Malte, qu'en passant il vient d'enlever d'assaut. Là, les yeux fixés sur l'Orient, l'esprit tout plein déjà des mystères de sa destinée, il a une pensée pour l'avenir intellectuel d'une population qu'il n'a fait qu'entrevoir. Le 30 prairial (18 juin) an VI, un ordre du général décide qu'il sera créé dans l'île une école centrale et quinze écoles primaires. L'école centrale donnera des cours de géométrie, de physique, de chimie, d'astronomie, de géographie, de langues orientales. Les écoles primaires enseigneront la lecture, l'écriture, le calcul, les éléments du pilotage. Tout y repose, non sur des théories vagues, mais sur une base essentiellement pratique. On y donne aux masses ce dont elles ont besoin, rien de moins, rien de plus. Tout aussi y est largement et libéralement constitué. Le bien-être des instituteurs est assuré; les traitements s'élèvent à 1100 francs dans les villes, à 800 francs dans les villages; sommes considérables pour l'époque, et qui dépassent le traitement de la plupart des maîtres chargés en 1860 de l'éducation du peuple dans les villages de France.

Voilà le premier acte du créateur de l'Université comme organisateur de l'enseignement populaire. Qu'on ne perde pas cet acte de vue; il projette la lumière sur tout un côté de l'intelligence du

---

1. Conversation avec M. de Fontanes, du 19 septembre 1808.

grand homme. La pensée qui, sur le rocher de Malte, sous le feu des canons anglais et presque en vue des Pyramides, a pu s'emparer de l'esprit du général, n'abandonnera pas le souverain. Aux diverses époques de sa vie, on en retrouve l'impérissable empreinte.

Nous sommes en 1802. Bonaparte est premier consul. Il s'agit de relever les ruines qu'a entassées la terreur. Avec les *ci-devant presbytères*, selon l'expression du décret du 27 brumaire an IV, ont disparu les écoles que la main de l'Église y avait de tout temps annexées, et où les enfants du peuple apprenaient la lecture, l'écriture, le calcul, et même quelque peu de latin. La Convention s'est épuisée en vains efforts pour combler le vide qui s'est fait tout à coup dans le système d'éducation populaire. Les utopies copiées de Sparte et de Rome se sont écroulées au souffle de la réalité. Le sol français est une table rase : « Les enfants, disent les conseils généraux, sont livrés à l'oisiveté la plus dangereuse, au vagabondage le plus alarmant ; ils sont sans idée de la divinité, sans notions du juste et de l'injuste. » Sous peine de retourner à l'état sauvage, il faut tenter de refaire en un jour l'œuvre des siècles ; le premier consul promulgue la loi du 11 floréal an X (1er mai 1802).

« Effrayé de la nullité des écoles primaires et des suites que doit amener un état de choses qui laisse une grande partie de la génération dénuée des premières connaissances indispensables pour communiquer avec celles qui la précèdent et celles qui doivent la suivre, il a senti que la réorganisation de ces écoles était un des besoins les plus urgents[1]. » La Convention avait rendu l'établissement des écoles impraticable en voulant les multiplier outre mesure ; le premier consul revient à la saine appréciation des faits en décidant que plusieurs communes pourront être réunies pour l'enseignement. La Convention faisait nommer les instituteurs *par le peuple*, c'est-à-dire qu'elle en remettait le choix au hasard ; le premier consul investit du droit de nomination les municipalités de chaque commune. La Convention avait confié au *conseil de l'administration du district*, corps irresponsable, la surveillance et la direction des écoles ; le premier consul la remet à

---

[1]. Exposé de Fourcroy au Corps législatif.

des magistrats assez rapprochés des communes pour les bien connaître, assez éloignés pour ne point épouser les passions de clocher, assez indépendants des petites intrigues pour que l'autorité ne soit point paralysée entre leurs mains, aux sous-préfets qui, tous les mois, doivent rendre compte aux préfets de l'état matériel et des progrès obtenus.

Dans ce qu'on appelait alors les *petites écoles*, il n'était question que de lecture, d'écriture et de calcul ; le programme, il faut l'avouer, n'était pas démesurément étendu. Mais, déjà, n'eût-ce pas été un résultat immense que l'universalité des jeunes Français possédât ces notions premières ? Et qui sera tenté de critiquer ce programme, quand on saura, — ce qu'il faut bien qu'on sache, — que dans la France du dix-neuvième siècle, en l'année 1859, plus de 350 000 jeunes garçons et près de 400 000 jeunes filles, 750 000 enfants de six à treize ans, ne recevaient aucune espèce d'instruction ?

L'Empereur est à l'apogée de sa puissance. Poursuivi jusqu'au sein de ses triomphes, en Italie, au delà du Rhin, en Espagne, par la pensée d'une grande création intellectuelle, il a fait l'*Université impériale*. Eh bien! par le décret de 1808, les écoles primaires sont reliées au vaste plan de l'enseignement national. Par ce décret aussi, les humbles mais ardents apôtres de l'éducation populaire, les *Frères des écoles chétiennes*, sont associés à la pensée qui groupe toutes les forces intellectuelles de la France au sein d'une puissante unité! Ils sont relevés de l'incapacité légale prononcée par le décret de 1792, encouragés, brevetés ; la règle des modestes disciples de Jean-Baptiste La Salle fixe l'attention de l'Empereur aussi bien que les statuts de la célèbre Université de Turin.

Mais ce n'est là, en quelque sorte, que l'extérieur du cadre dans lequel est appelé à se développer tout le système du nouvel enseignement primaire. Ce n'est pas assez de rétablir les écoles et d'y placer des maîtres. Il faut que celles-là soient vivifiées par la connaissance des procédés utiles et des méthodes éprouvées ; que les seconds s'animent de ce feu sacré qui en peut faire des instruments de progrès intellectuel et de perfectionnement moral. Aussi le décret de 1808 pose-t-il en principe qu'il sera établi « des classes normales destinées à fournir des maîtres pour les écoles primaires, et qu'on y exposera les méthodes les plus propres à améliorer l'enseignement. »

Les événements militaires détournent un instant la pensée de l'Empereur des plans que méditait son génie; mais tout à coup cette pensée éclate. Un décret impérial du 17 octobre 1810 charge un savant illustre, Cuvier, d'aller étudier sur la terre classique des écoles, en Hollande et en Allemagne, les établissements d'enseignement public, avec recommandation spéciale « de prendre de l'instruction primaire une connaissance détaillée. » Cuvier accomplit sa mission en homme digne d'être l'instrument d'une puissante idée. Il visite « toutes les écoles primaires un peu importantes, même dans les villages[1]; » étudie, dans toutes ses parties, cette organisation intelligente « qui donne du charme à l'instruction en même temps qu'elle lui imprime un caractère religieux propre à en faire durer les effets, qui permet de gouverner un grand nombre d'enfants, sans cris, sans invectives, sans aucune punition corporelle, mais en les intéressant toujours et en les tenant sans cesse en haleine[2]. » Il approfondit le système de surveillance et d'inspection des écoles; il examine la manière dont on a provoqué « la composition de petits ouvrages où on traite d'une façon populaire les vérités les plus importantes de la religion et de la morale, de l'économie domestique, de la physique et de l'hygiène[3]. » Il entre dans des détails minutieux « qui peuvent paraître puérils, mais dont il n'est aucun qui ne puisse influer sur l'habitude et la vie entière[4]; » prend « note des garanties spéciales de capacité que l'on exige des maîtres et des moyens de recruter un corps si utile; » il constate enfin avec un soin particulier les conditions de bien-être accordées aux instituteurs : « très-peu de maîtres d'école, même dans les villages, se font moins de 3000 francs, et la plupart jouissent en outre d'une habitation propre et commode, et d'un jardin plus ou moins étendu. » « Aussi, ajoute Cuvier, pensant aux pauvres instituteurs de France, aussi ont-ils les mœurs et le langage d'hommes dont l'âme n'est point affaiblie par le besoin; une douceur de manières, résultat de ce contentement habituel, se communique à tous ceux

---

1. Rapport sur les établissements d'instruction publique en Hollande et en Allemagne, en exécution du décret impérial du 18 octobre 1810.
2. Rapport. — 3. *Ibid.* — 4. *Ibid.*

qui vivent avec eux; et la *certitude d'arriver à un sort aussi agréable leur fait trouver aisément des aides excellents* parmi les meilleurs élèves qu'ils ont formés[1]. »

Cuvier déclarait « qu'une foule de détails du système d'instruction primaire en Hollande devraient être répandus dans toutes les écoles de l'Empire, et qu'ils finiraient par avoir les effets les plus marqués sur les mœurs des classes inférieures[2]. » Conformément à la haute volonté de qui il tenait sa mission, il concluait à ce qu'un « système reposant sur ces trois bases, qui se tiennent intimement : le *bien-être du maître*, la *surveillance active des inspecteurs*, le *perfectionnement continuel des méthodes*, fût adapté à la France entière[3]. »

Et, en effet, un décret de novembre 1811 porte ces mots : « Le Conseil de notre Université impériale nous présentera un Mémoire sur la partie du système établi en Hollande pour l'instruction primaire, qui serait applicable aux autres départements de notre Empire. »

Quelles circonstances empêchèrent l'accomplissement de desseins si mûrement réfléchis ? Nous ne savons; mais, il faut bien le dire, jamais études plus sérieuses n'eussent servi de base à l'œuvre de la régénération de l'enseignement populaire. Si la pensée du fondateur de l'Université eût passé fidèlement de la théorie dans les faits, la France, depuis longtemps, n'aurait rien à envier, au point de vue de l'enseignement primaire, ni à la Hollande, ni à l'Allemagne.

Ce que nous savons, c'est que, plus tard, au milieu de préoccupations qui ne lui laissent pas de repos, et déjà presque au bruit du canon de Ligny, le problème de l'éducation des masses revient solliciter la pensée du grand homme. Le 27 avril 1815, l'Empereur signe un décret qui ordonne la création d'une école modèle, destinée à devenir une pépinière d'instituteurs, et dont les considérants veulent être rapportés :

« Considérant l'importance de l'éducation primaire pour l'amélioration du sort de la société;

« Considérant que les méthodes jusqu'aujourd'hui usitées en France n'ont pas rempli le but qu'il est possible d'atteindre; désirant porter cette partie de nos institutions à la hauteur des lumières du siècle.... »

1. Rapport. — 2. *Ibid.* — 3. *Ibid.*

Qu'on se rappelle les conclusions du rapport de Cuvier! Une seconde fois les plans de 1810 semblent au moment de recevoir la consécration des faits.

Mais pour connaître la pensée de Napoléon tout entière, il faut lire le rapport qu'il se fait présenter par le ministre de l'intérieur Carnot [1].

Jamais le problème de l'éducation populaire n'a été formulé avec plus de grandeur et de précision tout ensemble.

« Comment élever à la morale en même temps qu'à l'instruction le plus grand nombre d'hommes possible des classes les moins fortunées? Voilà le problème que Votre Majesté veut résoudre en fondant une bonne éducation primaire. Quand j'exposerai à Votre Majesté qu'il y a, en France, deux millions d'enfants qui réclament l'instruction primaire, et que, cependant, sur ces deux millions, es uns n'en reçoivent qu'une très-imparfaite, et les autres n'en reçoivent aucune, Votre Majesté ne trouvera point indignes de son attention les détails que je vais avoir l'honneur de lui présenter, puisqu'ils sont les moyens mêmes par lesquels on peut arriver à faire jouir la plus grande partie de la génération qui s'avance du bienfait de l'éducation primaire, seul et véritable moyen d'élever successivement à la dignité d'hommes tous les individus de l'espèce humaine.

« Il s'agit ici, poursuivait le ministre avec une remarquable supériorité de bon sens, il s'agit, non pas de former des demi-savants et des hommes du monde; il s'agit de donner à chacun des lumières appropriées à sa condition, de former de bons cultivateurs, de bons ouvriers, des hommes vertueux à l'aide des premiers éléments des connaissances indispensables, et des bonnes habitudes qui inspirent l'amour du travail et le respect des lois.... L'instruction primaire doit finir par faire participer tous les individus des classes les moins fortunées aux bienfaits de la première éducation. »

Tel est l'ensemble des idées qui dominent l'histoire de l'enseignement primaire pendant la première période de l'Université. On sait déjà (Voy. p. 39) avec quel empressement M. Rendu, interprète de la pensée du grand maître, réclamait, dès les premiers jours de l'entrée en fonctions des autorités universitaires, le concours des pouvoirs ecclésiastiques pour le développement de cette branche de l'instruction publique *qui touche aux premiers intérêts de la société*. Quelques mois après, le jeune inspecteur général poussait un administrateur éclairé, le comte Lezay-Marnésia, préfet du Bas-Rhin, à fonder l'École normale, qui devait devenir le type sur lequel furent modelés, depuis, tous les établissements de ce genre; et étendant ses soins à l'enseignement congréganiste en

---

1. *Moniteur* du 30 août 1815. Nous avons remis en lumière ce remarquable document, en 1853 dans notre *Mémoire sur l'enseignement obligatoire*.

même temps qu'il pensait au recrutement des maîtres laïques, faisait confier à un ecclésiastique illustre, devenu inspecteur de l'Académie de Paris, M. l'abbé Frayssinous, une mission relative à l'institut des Frères des écoles chrétiennes.

Je trouve à cette époque un règlement arrêté, en conseil de l'instruction publique, sur le rapport de M. Rendu, et où se rencontrent par avance la plupart des dispositions que consacra, en 1816, la célèbre ordonnance du 29 février. On y règle les conditions auxquelles les instituteurs pourront enseigner; on y fixe l'organisation des *commissions d'arrondissement,* et d'une *commission centrale* au chef-lieu de l'Académie, ayant mission « de s'occuper des moyens de perfectionner et de répandre l'enseignement primaire dans le ressort; de rendre compte à la fin de chaque année, du résultat de ses observations à ce sujet. » De plus, des *commissaires de canton* devaient « visiter au moins une fois par trois mois celles des écoles confiées à leur surveillance, à l'effet de s'assurer des progrès des élèves, et des principes qui leur seront donnés. » Les rapports particuliers de ces commissaires devaient servir aux commissions d'arrondissement, pour rédiger les rapports trimestriels qu'il était prescrit d'adresser au recteur.

En présence de tels documents et de tels faits, il devient certes assez difficile de maintenir l'accusation d'indifférence ou de mauvais vouloir, en ce qui touche l'éducation populaire, trop légèrement dirigée contre la première Université. On renoncera tout à fait à cette accusation, nous le croyons, quand on saura que, non content d'organiser le mécanisme de l'enseignement, le conseil de cette même Université, sur la proposition de M. Rendu, arrêtait et promulguait un programme ayant pour but de satisfaire aux intérêts pédagogiques les plus délicats, en déterminant les ouvrages qu'il était nécessaire de composer pour les *élèves* et pour les *maîtres* des écoles primaires. Dans ce programme, inspiré par le sentiment le plus vif de la science de l'éducation, et sur lequel se projette le reflet des idées émises par M. Cuvier après son voyage en Hollande et en Allemagne, je remarque ces recommandations au sujet de l'enseignement de l'arithmétique :

« L'enseignement du calcul doit commencer dès le premier âge. Pour cet effet, le maître exercera ses élèves à trouver les rapports des nombres. Mais, dans l'enseignement des rapports des formes et des nombres, l'instituteur doit suivre une route inconnue dans nos écoles. Il faut donc un ouvrage qui le dirige dans cet enseignement, et on en trouvera les principes dans ceux qui ont été publiés sur les établissements de Pestalozzi.

« L'arithmétique n'est généralement enseignée dans nos écoles primaires que par routine, et nous ne connaissons aucun traité d'arithmétique qui, des idées les plus simples, telles qu'il faut les présenter aux enfants, passe aux plus complexes sans supprimer les intermédiaires. C'est donc encore un ouvrage à composer pour les maîtres, suivant les principes que nous venons d'exposer. »

A-t-on mieux dit, depuis lors?

Voilà les idées qui eurent cours de 1808 à 1815 sur cette grande question de l'enseignement populaire; voilà ce que, dès cette époque, M. Rendu fit ou tenta de faire sur ce terrain que plus tard il devait rendre sien. Je ne sache pas qu'aucun ami de l'instruction primaire soit en droit de dire à la première Université impériale : « Qu'avez-vous fait? »

VI

M. Rendu et Augustin Thierry. — M. Dubois. — M. Larcher. — L'Institut
et l'Université.

Je ne saurais abandonner cette première période de l'histoire
universitaire sans faire connaître la part qui revient à M. Rendu
dans la naissance de quelques-unes des vocations littéraires et
scientifiques qui ont illustré notre siècle.

Dans une de ses tournées de l'année 1810, M. Rendu inspec-
tait le collége de Blois. Entre autres jeunes hommes qui lui furent
présentés, l'un d'eux fixa particulièrement son attention par la manière vive et assurée dont il *expliquait* des passages pris au hasard,
du célèbre livre de Tacite, la *Germanie*. L'inspecteur général fit
quelques questions et demanda quelques commentaires sur le sens
historique de l'un des chapitres les plus difficiles. Les réponses
de l'élève se distinguaient par l'originalité des vues et la hardiesse
des conjectures. La classe terminée, M. Rendu fit appeler le jeune
homme, et l'interrogea sur la carrière qu'il comptait suivre. Le bril-
lant élève n'avait point encore arrêté son esprit sur un point fixe de
l'horizon qui s'ouvrait devant lui. «Mon ami, — permettez-moi ce
mot,—lui dit M. Rendu, vous n'avez qu'une chose à faire, vous vouer
aux études littéraires et historiques. Travaillez, et vous marquerez
votre trace. L'École normale va s'ouvrir à Paris[1]. Croyez-moi,
tournez vos regards de ce côté. » Le jeune homme remercia le
bienveillant inspecteur, et promit de ne point oublier ses conseils. L'année suivante, grâce à l'intervention persistante de
M. Rendu, l'École normale voyait s'asseoir sur ses bancs celui dont

[1]. Sur les origines historiques de l'École normale, voyez le discours prononcé par
M. Dubois, conseiller directeur, à l'inauguration de la nouvelle école, en 1847. Ce
discours est toute une étude sur la question.

la France devait bientôt prononcer le nom avec orgueil, Augustin Thierry.

Je trouve, à la date du 12 octobre 1835, une lettre où cet homme illustre rappelle à son ancien protecteur le patronage qui fit éclore une des plus belles vocations historiques du dix-neuvième siècle. Je ne me refuse pas au plaisir de la citer.

« Monsieur,

« Peut-être n'avez-vous pas oublié que c'est à votre bienveillante protection que j'ai dû, il y a vingt-quatre ans, mon entrée à l'École normale. Je venais alors de terminer mes études, vous le savez mieux que personne, au collége de Blois, sous la direction de M. Giraudeau de Lanoue, homme extrêmement distingué par son caractère et ses manières, dont vous-même reconnaissiez le mérite, et auquel vous aviez la bonté de témoigner de l'estime. Cet homme digne d'un meilleur sort, après avoir changé de carrière en 1814, a éprouvé une foule de traverses qui l'ont mené à une ruine complète. Aujourd'hui, âgé de 60 ans, mais encore plein de forces, et capable d'un travail assidu, il sollicite avec instances de rentrer dans l'Université!... Voudriez-vous, monsieur, l'aider de votre patronage ? Aucune voix n'est plus capable que la vôtre de déterminer le ministre à presser une décision qu'il se montre d'ailleurs disposé à prendre, dès que l'occasion s'en présentera ? Peut-être pourriez-vous, par votre influence sur les travaux du conseil royal, faire naître cette occasion. J'ose vous en prier, en regrettant bien vivement de ne pouvoir vous demander de vive voix cette faveur, privé que je suis tout à la fois de l'usage de mes jambes et de celui de mes yeux. Peut-être accorderez-vous quelque sympathie à la persévérance avec laquelle je suis resté fidèle à mes études, malgré la maladie et la souffrance. Je l'espère, et cet espoir me donne la confiance d'obtenir votre attention et votre appui, en faveur de mon vieux et malheureux maître.

« Veuillez, monsieur, agréer, etc., etc.

« Augustin THIERRY.

« Passage Sainte-Marie, n° 11, faubourg Saint-Germain. »

L'année qui suivit l'avénement d'Augustin Thierry à cette vie de glorieux labeur où il allait poursuivre la renommée à travers tant d'épreuves héroïquement soutenues, M. Rendu suscitait, sur les bancs du lycée de Rennes, une autre vocation littéraire qui devait donner à l'Université l'un de ses chefs les plus honorés ; il conquérait à l'École normale le jeune maître qui fut depuis conseiller titulaire et directeur du célèbre établissement où il fit ses premières armes, M. Dubois. M. Dubois fut du petit nombre des cœurs d'élite que le succès est impuissant à rendre oublieux. Dans le maître vénéré dont son mérite et le progrès du temps le rendit collègue, il ne cessa d'honorer l'ancien patron de sa jeunesse ; et au

moment où M. Rendu était enlevé à sa famille et à l'Üniversité,
M. Dubois put écrire avec vérité ces mots que d'autres ne se fussent pas sentis dignes de tracer :

« .... Pour moi, je n'ai jamais oublié que ce furent M. votre père et M. de
Mussy qui m'ouvrirent la carrière; et malgré toutes les vicissitudes et tous les
dissentiments de nos temps agités, il y eut toujours entre nous le bienfait et la
reconnaissance. »

Vers le moment où il donnait à l'École normale M. Augustin
Thierry et M. Dubois, M. Rendu recevait la lettre suivante du célèbre Haüy en faveur d'un jeune savant :

« Monsieur, le souvenir que j'ai conservé de vos bontés pour MM. Guillery et
Julien, que j'ai pris la liberté de vous recommander l'année dernière, me
donne l'espoir que vous accueillerez de même la prière que je vous fais aujour-
d'hui en faveur de M. Péclet, qui aura l'honneur de vous remettre cette lettre.
Il est du nombre de mes élèves à l'École normale qui sont les plus forts que
j'aie encore eus. Il a assisté, non-seulement aux séances particulières que je
leur donne, une fois la semaine, mais encore à mon cours public de minéralo-
gie, où j'ai eu la satisfaction de montrer, dans une de mes leçons, une nouvelle variété de cristallisation qu'il avait déterminée, d'une manière très-exacte,
à l'aide du calcul théorique. Il n'est pas moins estimable par ses qualités morales que par ses talents. Il désirerait obtenir la place de professeur de mathématiques au collége de Saint-Quentin. Je ne doute pas qu'il l'obtienne, monsieur,
si vous voulez bien lui tendre la main. »

M. Péclet dut à M. Rendu le poste qui lui permit de donner
l'essor à des aptitudes scientifiques de premier ordre.

A cette époque de création, le jeune conseiller *tendit la main* à
beaucoup d'autres. Je me borne à citer une lettre du célèbre hellé-
niste Larcher. On y verra avec quel zèle heureux M. Rendu s'ac-
quittait de la mission de grouper autour du grand maître les talents
dont la variété devait entourer l'Université naissante d'une éclatante auréole :

« Monsieur,

« Je suis pénétré de la plus vive reconnaissance de ce que vous avez bien
voulu me faire nommer à une place de professeur. J'ai été d'autant plus surpris,
monsieur, que vous ayez jeté les yeux sur moi pour remplir une place si importante, que je suis d'un âge où l'on n'est plus guère en état d'exercer aucune
sorte de fonctions. Quatre-vingt-trois ans sont une excuse bien légitime : *Solve
senescentem*. Aussi lorsqu'on m'en parla de votre part, mon premier mot fut de
ne point accepter cet honneur; mais je fus pleinement rassuré, lorsqu'on ajouta
que vous me donneriez un suppléant, et que ce serait M. Boissonade. Vous ne
pouviez faire, monsieur, un plus digne choix. Ce monsieur sait supérieurement

la langue grecque; c'est un excellent critique, et je ne doute pas qu'il ne fasse beaucoup d'honneur à l'Université. J'ose même dire que depuis plus de soixante ans il n'y a pas eu un professeur si habile en grec. Il a donné des preuves de ses talents. Les *Héroïques* de Philostrate qu'il a publiées en grec et en latin, avec un grand nombre de notes critiques, sont un excellent ouvrage, et je sais qu'on imprime actuellement en Hollande une édition d'un autre auteur grec qui lui fera beaucoup d'honneur. En vous parlant avantageusement de ce savant, monsieur, mon éloge doit vous paraître d'autant moins suspect, que je ne le connais que par son ouvrage, et que je ne l'ai vu qu'une seule fois, lorsqu'il sollicitait une place à l'Institut.

« Je vous remercie, monsieur, de la bonté que vous avez de me donner cette place. Je l'accepte avec la plus vive reconnaissance. Je n'oublierai jamais vos bontés; elles sont gravées dans mon cœur en caractères ineffaçables.

« Je suis, etc., etc.

« LARCHER. »

Les noms qui viennent d'être prononcés et la dernière lettre que j'ai fait connaître m'amènent à dire quelques mots des rapports qui, dès la création de l'Université, et dans la pensée de ses fondateurs, durent exister entre elle et l'*Institut* de France.

Dans une note de M. Rendu, on lit ce qui suit :

« Aujourd'hui, 15 juin, conversation avec M. de Fontanes sur l'Université et sur l'Institut, à propos de la prochaine distribution des prix. Le grand maître va écrire au président de l'*Institut*, pour lui demander de mettre à la disposition des élèves des lycées de Paris la grande salle des séances. Excellente chose que de constater aux yeux du public, les liens qui doivent unir les corps savants et lettrés aux jeunes étudiants qui composeront un jour ces illustres corps. Il faudrait que ces liens fussent aussi resserrés que possible; et, à le bien prendre, pour exercer sur l'enseignement, dans le sens supérieur de ce mot, toute l'action qui lui appartient, c'est le grand maître qui devrait être le trait d'union entre l'Institut et le pouvoir suprême. Il y a trois choses qu'il faut toujours rapprocher et faire marcher d'un pas égal et, s'il est possible, sous une même inspiration, la *Religion*, la *Science*, l'*Éducation*; il y a donc trois corps qui doivent se prêter un mutuel appui; le *Clergé*, l'*Institut*, l'*Université*. M. de Fontanes est tout à fait dans ces idées; et il a goûté ce que je lui ai dit en ce sens. Il doit parler à l'Empereur, car il y a quelque chose à faire. »

C'est sous l'influence de cette même idée que vingt ans plus tard (1828), dans une brochure inspirée à son zèle infatigable par l'ordonnance qui séparait l'instruction publique du ministère des affaires ecclésiastiques, M. Rendu, après avoir indiqué le rôle du *clergé* et de l'*Institut*, écrivait :

« Comment ne trouverait-on pas convenance et utilité dans l'existence d'un corps mixte à qui sa destination fait une loi de maintenir avec une égale fidélité, de cultiver avec un soin égal, et les doctrines religieuses et les connaissances profanes; d'un corps qui repose à la fois sur ces deux fondements : la religion et la science; d'un corps qui a reçu la double mission et d'inculquer à la jeunesse des principes fixes de conduite, des règles invariables de croyance, et de veiller à ce que les études, marchant avec le siècle, ne souffrent jamais ni obscurcissement ni diminution; d'un corps enfin qui se voit dans l'heureuse nécessité de tenir au *clergé* par l'esprit religieux, et à l'*Institut* par la culture des sciences et des lettres [1] ? »

La lettre dont parle M. Rendu dans sa note fut en effet adressée au président de l'Institut. M. Boissy d'Anglas entra dans la pensée du grand maître, et, au nom du corps illustre dont il était le représentant, fit une réponse qui témoignait, d'une manière significative, des sentiments de l'Institut pour l'Université.

Voici cette réponse :

« Monsieur le comte,

« L'Institut de France ne pouvait qu'accueillir avec empressement la demande que vous lui avez faite par votre lettre du 21 juin dernier, et que je lui ai présentée dans sa séance générale du 4 de ce mois. L'accroissement des lumières par la méditation et par l'étude est l'objet de son institution; leur développement et leur propagation par l'enseignement est celui de l'Université impériale : leur but est donc en quelque sorte commun, et il est du devoir de l'Institut comme de l'intérêt de ses travaux de resserrer autant qu'il est en lui les liens qui l'attachent à un établissement dont la France doit retirer tant d'éclat et la postérité tant d'avantages. L'Institut se glorifie d'ailleurs de compter parmi ses membres les plus illustres, non-seulement le chef de l'Université lui-même, mais encore plusieurs de ses dignes collaborateurs, et il doit espérer de trouver un jour parmi les élèves formés par leurs soins, des successeurs et des émules. Comment pourrait-il être indifférent à leurs premiers succès, et ne pas voir avec un grand intérêt, dans le lieu de ses assemblées les plus solennelles, la réunion des jeunes citoyens sur les travaux et les talents desquels il peut fonder le mieux ses espérances? Il m'a chargé, monsieur le comte, de répondre à votre excellence qu'elle pouvait disposer, suivant son gré, des salles qui dépendent de son établissement.

« Je vous prie d'agréer, monsieur le comte, l'assurance de ma très-haute considération et celle de l'attachement dont je m'honore depuis longtemps de faire profession pour votre personne.

« BOISSY D'ANGLAS,
Président de l'Institut de France. »

M. Rendu avait mis la main à toutes les questions que posait la création de l'Université. Il avait, de compte à demi avec M. de Fontanes, pris part à toutes les mesures que provoquait l'organisation régulière de cette grande institution; il n'avait pas seule-

1. *Un mot sur l'Université de France.* Janvier 1828.

ment assisté à la naissance de l'Université ; selon une expression qu'il affectionnait, il l'avait *emmaillottée et bercée.*

La chute de l'Empire ouvrit une carrière nouvelle à l'actif dévouement de M. Rendu. Le coopérateur du premier grand maître allait devenir le soldat de l'Université, les événements allaient entraîner l'administrateur sur le champ de bataille des publicistes.

VII

En 1815, l'Université passe de la période d'organisation à la
période de la lutte. Elle est alors attaquée avec la même fureur que
l'était son créateur lui-même ; et la passion politique cherche à achever, dans la ruine du corps universitaire, la défaite des institutions
qu'elle peut croire à jamais renversées.

On ne se propose pas seulement à cette époque d'arracher à
l'Université le pouvoir exclusif dont la volonté de l'Empereur et la
force même des choses l'avaient investie ; la lutte, à ce point de vue,
eût pu être féconde. Ce qu'on poursuit, c'est l'anéantissement de
l'institution elle-même. On ne demande pas seulement à l'État
d'ouvrir une porte plus large à l'influence religieuse : un grand
progrès moral eût pu naître du renouvellement d'une alliance
intime entre l'Église et l'État sur le terrain de l'enseignement ; ce
que l'on veut c'est supprimer l'élément laïque, et forcer l'esprit
moderne à expier ses victoires en livrant son drapeau.

L'Université représente alors, on peut le dire, la France nouvelle[1], la France de 1789 et du Concordat. Les ennemis de la seconde seront donc les adversaires implacables de la première :

---

[1]. M. Guizot écrivait récemment : « Quand l'empereur Napoléon, en créant l'Université, lui donna pour mission de rendre à l'instruction secondaire, aux études
littéraires et classiques leur force et leur éclat, il était guidé par un instinct profond
de notre état social, de son histoire, de sa nature et de ses besoins. Il savait qu'après
les prodigieux bouleversements de notre révolution, après la chute violente de toutes
les existences hautes, au milieu de tant de fortunes nouvelles et soudaines, pour
consacrer de tels résultats, pour sanctionner en quelque sorte le triomphe des classes
moyennes et assurer leur influence, il fallait cultiver et développer dans ces classes
les études fortes, les habitudes de travail d'esprit, le savoir, la supériorité intellectuelle,

grande occasion de guerre pour l'Université, mais aussi grand motif de confiance et grand principe de force!

Dans cette phase nouvelle de l'histoire universitaire, M. Rendu resta fidèle à lui-même. Comme il avait été au premier rang des organisateurs, il fut au premier rang des polémistes; il se jeta dans la mêlée pour défendre l'édifice qu'il avait si puissamment aidé à construire : dès le mois d'août 1815, on le trouve à son poste de combat.

Les adversaires qui se levèrent en 1815, comme ceux qui leur succédèrent en 1844, s'accordent à rendre hommage à l'inébranlable fermeté de M. Rendu; ils le proclament à l'envi « le premier apologiste de l'Université[1] », « le plus infatigable et le plus intrépide des lutteurs[2]. » En effet, à peine l'ordonnance du 17 février 1815, copie maladroite du projet conçu primitivement par l'Empereur (V. p. 30), a-t-elle menacé l'Université de mort sous prétexte de réformation[3], que M. Rendu est déjà sur la brèche : dans une courte brochure[4] il démontre « que le gouvernement de l'instruction publique serait atteint dans son principe essentiel; que le conseil royal n'aurait qu'une très-faible autorité; que les inspecteurs ne rempliraient pas le but qu'on a dû se proposer en les instituant; que toute la puissance des recteurs, c'est-à-dire toute la force morale que représente ce grand intérêt de l'éducation, tomberait entre des mains étrangères, et que les différents conseils chargés de tout diriger seraient dans l'impossibilité de résoudre la plupart des questions qui leur seraient proposées; en un mot

et par là, les montrer, les rendre en effet dignes de leur rang....Beaucoup de familles de l'ancienne noblesse française ne voyaient pas sans humeur ce foyer d'activité et de force sociale où la bourgeoisie venait s'élever au niveau de ses laborieuses destinées. » (Mémoires. T. III, p. 401.)

1. Le génie de la révolution considéré dans l'éducation, t. III, p. 192. C'est dans ce pamphlet en trois volumes (1818) que les adversaires modernes de l'Université ont puisé leur érudition.

2. Histoire critique et législative de l'instruction publique, par H. de Riancey (1844). T. II, p. 245. — Le talent et la bonne foi de l'auteur ne l'ont pas toujours préservé de regrettables entraînements.

3. L'ordonnance de 1815 partageait la France en dix-sept universités, chacune ayant son organisation séparée et complète. Le projet de 1805 que nous avons fait connaître n'admettait que sept universités. — Ainsi que l'a remarqué M. Guizot, en parlant de l'ordonnance de 1815, il n'y a pas en France dix-sept foyers naturels de hautes et complètes études.

4. Quelques observations sur l'ordonnance royale du 17 février 1815.

que cette ordonnance crée une institution qui n'a ni but raisonnable, ni moyens suffisants. »

L'ordonnance du 17 février tomba sous le coup des événements en même temps que sous le coup des critiques. Une nouvelle ordonnance (15 août) maintint « *provisoirement* l'existence des académies, » et statua que « les pouvoirs attribués au grand maître et au conseil de l'Université seraient exercés sous l'autorité du ministre de l'intérieur, par une Commission de l'instruction publique, » L'ordonnance promettait en même temps « d'établir par une loi les bases d'un système définitif. »

Ce maintien provisoire était une défaite pour le parti qui réclamait la *destruction*. La *Commission* était composée de MM. Royer-Collard, Cuvier, Silvestre de Sacy, l'abbé Frayssinous, Gueneau de Mussy. De tels noms méritaient peut-être quelque respect; on pouvait croire que de tels hommes, non plus que leurs prédécesseurs du conseil impérial, ne représentaient pas précisément « l'impiété à la place de la religion, l'intrigue à la place de l'émulation, le charlatanisme à la place de l'expérience[1]. » Les inspecteurs généraux qui éclairaient la *Commission* de leurs rapports étaient ceux que nous connaissons déjà, MM. Rendu, Noël, Poinsot, Dupuytren, Budan, d'Andrezel, etc. Des pamphlets pleins de goût apprirent cependant à la France que « des vampires universitaires, connus sous le nom d'inspecteurs, avaient fait des visites domiciliaires, comme pour saturer leurs regards des spectacles de la misère de ceux qu'ils avaient immolés à leur voracité. » Ils exhortèrent tous les *honnêtes gens* à s'unir dans une sainte ligue, sans se préoccuper « des vociférations de l'ineptie dont cherchent à nous assourdir les amants fortunés de la fille du tyran[2]. »

Le premier devoir, en effet, n'était-il pas de jeter à terre *ce colosse qui n'est pas le colosse de Rhodes*? N'avait-on pas prononcé ce jugement : « De toutes les conceptions de Buonaparte, la plus effrayante, la plus profondément anti-sociale, en un mot, la plus digne de lui, c'est l'*Université*. Lorsque le tyran crut avoir assuré par tant d'horribles lois le malheur de la génération pré-

---

1. *De la fille légitime de Buonaparte.*
2. *Ibid.*, chap. *De la fille Napoléone.*

sente, il éleva ce monstrueux édifice comme un monument de sa haine pour les générations futures, et sembla vouloir ravir au genre humain l'espérance même[1]. » Ne posait-on pas pieusement cette question : « Que pouvait devenir une nation que son gouvernement plaçait entre une ignorance absolue et la plus hideuse dépravation; où l'on épiait la naissance de l'enfant pour se hâter de le corrompre; pour lui apprendre, dès le berceau, à bégayer le blasphème et à abjurer le Dieu que son intelligence ne concevait pas encore[2]? »

Tous ces pamphlets n'étaient que des attaques d'avant-poste et comme les coups de feu de tirailleurs. La bataille se livra dans la Chambre des députés, le 31 janvier 1816. Le parti engagea l'affaire en lançant en avant un député dans le département duquel ne se trouvaient ni Faculté, ni lycée, ni conseil académique, ni administration rectorale, et qui, dans une ignorance absolue de tout ce qu'il devait attaquer était merveilleusement propre à devenir l'organe de déclamations sans critique. Fidèle exécuteur de sa consigne, M. Murard de Saint-Romain développa une proposition aux termes de laquelle la Commission l'instruction publique était supprimée, et tous les établissements d'instruction placés sous la direction et la surveillance immédiate des évêques.

Quelle réaction formidable contre l'Église, désastreuse conséquemment pour les intérêts moraux du pays, eût produite l'adoption d'un tel système, on peut le penser. Tout entière à la passion, la majorité de la Chambre ne semblait point s'en préoccuper; étrangère aux éléments mêmes de la question, acceptant comme articles de foi les affirmations de l'aventureux député, elle prit en considération la proposition de M. de Saint-Romain.

Grand était le péril. M. Rendu le sentit dans sa conscience de citoyen et de chrétien. Tout ce qu'une ardente conviction pouvait inspirer au talent, il le fit pour conjurer la menace. Le discours de M. de Saint-Romain avait été publié le 3 février; dès le surlen-

---

1. *De l'Université impériale.*

2. *Ibid.* Il serait fastidieux de citer tous les pamphlets de cette époque. Mentionnons encore toutefois, le *Mémoire sur l'Université*, où l'on prouve doctement : *que l'organisation de l'Université répugne à tout principe moral; que le système de l'Université ne peut se concilier avec un enseignement catholique; que l'administration de l'Université est contraire aux premières notions* de l'ÉQUITÉ NATURELLE, de l'HONNEUR, et de la DÉCENCE.

demain, les *Observations sur les développements présentés à la Chambre* étaient distribuées à tous les membres de la législature. Trois semaines après paraissait le *Premier supplément aux observations*, puis au mois de mai le *Second supplément*, ou *Système de l'Université de France*[1].

L'effet produit par la première de ces brochures fut très-grand. Tous les membres de l'Université présents à Paris, vinrent s'inscrire chez M. Rendu. La Commission de l'instruction publique, sur la proposition de son président, M. Royer-Collard[2], vota l'acquisition d'un nombre considérable d'exemplaires, qui furent adressés à tous les membres du conseil d'État; et M. de Fontanes, qui de la retraite où l'avaient poursuivi d'ineptes pamphlets, observait avec un intérêt doublement paternel les péripéties de la lutte, écrivait au champion de l'Université :

« Je vous ai lu, et *quoique vous ayez raison*, je vous prédis qu'on adoptera vos conclusions. Votre zèle est infatigable. *Justum et tenacem propositi virum*, etc., etc. Vous êtes cet homme-là. Les clameurs des gens de parti ne vous font point reculer; vous êtes plus fort qu'eux tous en logique et en style; et quand ils injurient sans esprit, vous les terrassez avec politesse. J'estime votre courage autant que j'aime votre personne. Je me félicite tous les jours d'avoir deviné, il y a près de vingt années, votre mérite naissant : plus il croît, et moins il m'étonne; je m'y attendais.

« Recevez, mon cher enfant, la nouvelle assurance de mon tendre attachement.

« FONTANES. »

Le *chér enfant* avait alors trente-sept ans. Avec quel sentiment de satisfaction on entend se dégager, du milieu des combats et des clameurs, la voix amie dont le temps et les révolutions n'ont pas altéré l'accent, et qui, dans chaque crise nouvelle, vient retentir aux oreilles d'Ambroise Rendu, comme un encouragement et comme un conseil !

M. Molé ne voulut pas rester en arrière dans ces félicitations que l'élite de la société intelligente adressait à M. Rendu. Je trouve dé lui ce billet :

« J'ai lu avec un vif intérêt tout ce qui est sorti de votre plume. Je partage

---

1. In-8 de 250 pages.
2. Je citerai ce billet de M. Royer-Collard : « Faites-moi le plaisir d'envoyer sur-e-champ un exemplaire à M. Guizot (rue du Vieux-Colombier, 26, en face la rue Cassette) qui met en ce moment la main à la plume.

« Aujourd'hui même, je fais à la *Commission* la proposition de vous répandre. »

le plaisir que vos derniers ouvrages ont fait éprouver à M. de Fontanes. Je vous renouvelle l'expression des sentiments que m'ont inspirés depuis longtemps votre personne et vos talents.

« Comte MOLÉ. »

Les polémistes de 1844, à la suite de ceux de 1815, se sont beaucoup occupés de ces écrits de M. Rendu. Mais n'ayant rien à répliquer aux arguments péremptoires de la brochure dans laquelle le défenseur de l'Université, répondant phrase par phrase à son adversaire, le saisissait corps à corps, ils se sont bornés à faire une allusion rapide aux *Observations* qui suivirent de si près le fameux discours de M. de Saint-Romain. Il eût été curieux pourtant, sinon habile, d'insister sur une lutte dans laquelle, par avance, on pouvait voir et juger bien des luttes ultérieures :

« Tout est remarquable, disait en commençant M. Rendu, dans les *développements* présentés par M. Murard de Saint-Romain sur l'instruction publique.

« On y trouve, à un degré rare, l'horreur de ce qui est, avec l'ignorance la plus complète des faits les plus certains; l'enthousiasme pour le passé, avec l'aveu du plus grand de tous les défauts et de tous les désordres, d'un défaut et d'un désordre tels qu'*ils ont fait périr la France;* enfin l'abandon de l'avenir auquel on ne donne que des garanties incomplètes.

« Nos premières observations sur ces *développements,* auront surtout pour objet de faire connaître le présent, persuadé que nous sommes avec d'honorables collègues de M. de Saint-Romain, qu'il serait bon pourtant de cesser de démolir. Nous essayerons aussi de tempérer un peu des regrets qu'on veut croire sincères, mais qui accusent les ruines et ne les relèvent pas. »

Des ruines! c'était là ce que demandait le parti dont M. de Saint-Romain était le fougueux organe. L'Université avait été créée par *Buonaparte;* il suffisait : *crucifigatur!*

« Le vrai mal, le fléau redoutable dont je sollicite la *réformation,* s'écriait l'orateur, c'est l'université fondée par Buonaparte, restaurée l'année dernière sous un ministère dont la France déplorera longtemps les erreurs, et conservée jusqu'à ce jour par ce funeste système de ménagements.... Il n'y a de salut pour l'État, que l'*anéantissement total de tout, absolument tout ce que Buonaparte* a soutenu et propagé. »

A quoi M. Rendu faisait cette réponse, qui était alors un acte de témérité :

« Que l'Université ait été fondée par Bonaparte, est-ce une raison de la détruire ? Mais la Cour des comptes a été fondée aussi par Bonaparte. C'est sous Bonaparte que tous nos Codes actuels, civil, criminel, commercial, etc., etc., ont été discutés et décrétés.... M. de Saint-Romain songe-t-il à quoi il s'engage, et dans quel chaos il jetterait la France, si la France et le roi, mieux conseillés par la révolution même, n'avaient pas proscrit dès le principe, et pour toujours, ce parti extrême. »

Puis quand l'impétueux député ajoutait :

« La religion, les bonnes mœurs, l'amour pour le roi, jamais rien de ce qui est bon, de ce qui est pur, ne prévaudra dans les établissements *révolutionnaires* ... »

— « M. de Saint-Romain ignore, répliquait M. Rendu, au grand scandale du parti, que le décret de 1808, veut que la religion catholique soit la base de l'enseignement dans toutes les écoles. Il ignore que l'Université, *même sous le règne de Bonaparte*, n'a cessé de développer par ses statuts, par ses circulaires, par les instructions spéciales données aux recteurs et aux inspecteurs généraux le principe fécond posé par ce décret. L'Université ramenait peu à peu, dans toutes les écoles, les saines doctrines et les pieux usages que l'ancienne Université de Paris avait consacrés dans ses colléges, en même temps qu'elle veillait, pour le bien même, et dans l'intérêt de la religion, aux progrès des études dans les sciences et dans les lettres. Nous devons le dire, et nous ne craignons pas d'être démentis, tout ce que la *Commission* royale de l'instruction publique a fait de bien sous ce rapport a été la suite et l'exécution de ce que le grand maître de l'Université a voulu et fait. »

— « Je sens, avait dit M. de Saint-Romain en terminant, je sens combien mon travail sur une matière aussi importante est incomplet; combien la tâche est au-dessus de mes forces. Je n'ai consulté que mon zèle. »

— « Qui pressait donc l'orateur, répondait M. Rendu ? Qui sollicitait les efforts de son éloquence ? Où était la nécessité de monter à la tribune pour traiter un sujet si grave, quand on ne pouvait présenter qu'un travail incomplet; quand on n'avait que du zèle là où il fallait avoir tout connu, tout comparé, tout jugé au poids du sanctuaire, puisqu'il s'agissait de détruire une grande institution, et d'inquiéter, d'insulter un grand nombre de fonctionnaires modestement utiles, pour qui, quoi qu'on en dise, l'or n'est pas tout, pour qui l'honneur est quelque chose. La Commission de l'instruction publique, non plus que l'ancienne administration de l'Université, n'ont pas besoin de nos faibles armes; et nous briserons là notre plume trop indignée peut-être. Nous finirons en confessant que, sans attacher aucune importance à ces feuilles, ouvrage d'un jour, nous en espérons pourtant ce résultat : c'est que les législateurs qui y jetteront les yeux, frappés peut-être de quelques faits qui n'étaient pas assez connus, et qui suffiraient à venger l'honneur de l'institution, se diront : *Attendons et examinons.* »

On *attendit* en effet et on *examina*. Ce délai seul était une conquête de haute importance; car l'Université n'avait à redouter qu'une surprise. L'issue de la campagne n'était plus douteuse; et elle était due tout entière à M. Rendu : la Commission nommée par le ministre de l'intérieur (16 juillet 1816) pour s'occuper d'un projet d'*ordonnance sur l'instruction publique*[1] se garda de proposer au-

1. Cette commission se composait du cardinal de Bausset, de MM. de Chateaubriand, de Fontanes, Royer-Collard, l'abbé Eliçagaray.

cune mesure hostile, et quand M. Frédéric Gueneau de Mussy[1] écrivait, dans ces circonstances, à M. Rendu :

> « Nous éteindrons-nous au milieu des pieuses calomnies et des saintes intrigues de nos détracteurs? Si nous devons mourir, mieux vaudrait mourir d'une mort violente que d'une maladie de langueur. »

M. Rendu pouvait répondre à son ami :

> « Mourir! y penses-tu? Nous venons de nous battre, ce semble, comme des gens qui ont de la vie au cœur et du sang dans les veines. On ne meurt pas quand on est une grande institution qui représente un grand intérêt moral; on ne meurt pas surtout, quand on est né de la force même des choses, et qu'on répond à tout un ordre immense d'idées et de faits. L'Université, mon bon ami, est un arbre qu'on ne déracinera pas de notre sol; si on la renversait aujourd'hui, elle renaîtrait demain. Il faut que les *pieux calomniateurs* tâchent d'en prendre leur parti. »

Sur les pas de M. Rendu, et à son imitation, d'autres défenseurs entrèrent en lice : l'Université n'a pas oublié les estimables opuscules de M. Taillefer, inspecteur de l'Académie de Paris, et du recteur de l'Académie de Bordeaux. Mais un témoignage plus considérable fut porté dans cette grande cause : l'écrivain, déjà illustre, qui devait présider plus tard avec tant d'éclat à la marche de l'enseignement public, M. Guizot, dans une brochure où brillait avec les qualités de ce grand esprit une sereine impartialité, vint achever cette démonstration commencée par M. Rendu, que « les plaintes élevées récemment contre l'Université avaient des causes aussi peu légitimes et aussi peu honorables que les plaintes contraires dont elle avait été l'objet avant la Restauration[2]. » Dès lors le sol était raffermi sous les pas de l'Université; et dans son discours de la distribution des prix de l'année 1817, le président de la Commission de l'instruction publique put prononcer ces paroles :

> « Le corps enseignant poursuit sa tâche à travers les difficultés et les contradictions. L'adversité lui a donné des leçons; il les a mises à profit. Des privations douloureuses lui ont été imposées par le malheur des temps; il les a supportées avec dignité. Éprouvé, mais non découragé, par une longue attente, il

---

1. Frère de M. Philibert Gueneau de Mussy ; plus tard directeur de l'École normale supérieure.
2. *Essai sur l'histoire et sur l'état actuel de l'instruction publique en France* (1816).

aspire aujourd'hui à l'adoption solennelle qui semble lui être promise. Plus
éclairée, elle sera plus honorable et plus efficace. Non, il n'est plus permis de
le craindre : la France ne verra point l'instruction publique se rétrécir ou s'a-
baisser ; la capacité ne sera point méprisée, le dévouement méconnu, les services payés de l'oubli. »

La lutte continuait cependant : M. Rendu n'était pas près de la
déserter. Cette attaque prenait les formes les plus diverses : brochures politiques, opuscules injurieux[1], articles de journaux.

L'un des points sur lesquels portaient les attaques les plus vives
était la perception, au profit de l'Université, du vingtième du prix
de pension payé par chaque élève, vingtième connu sous le nom
de *rétribution universitaire*[2]. Cet impôt, essentiellement *variable*,
mais non pas *arbitraire*, se diversifiant et se modérant suivant les
lieux et les personnes, très-peu onéreux conséquemment pour les
familles, était une des sources essentielles du revenu de l'Université : *inde iræ*. En décembre 1816, proposition fut faite à la
Chambre des députés de supprimer l'*infâme rétribution*. Cette proposition à peine connue, une nouvelle brochure de M. Rendu était
distribuée aux membres de la chambre, brochure où la question
était élucidée par une discussion nette, nerveuse, incisive[3].

Après avoir démontré ce qu'était la *rétribution* en elle-même, et
comment la spéculation dissimulait, en l'attaquant, un sordide intérêt privé sous le masque de l'intérêt général, le publiciste faisait
voir que l'idée mère de cette rétribution avait été suggérée au fondateur de l'Université, dès l'année 1800, par ce vœu éminemment
raisonnable des conseils généraux : *Rendre l'instruction indépen-
dante de la pénurie éventuelle du trésor public.*

« N'était-ce pas une idée heureuse de donner au corps enseignant un moyen
d'existence qui lui fût propre, qui naquît de son sein, qui eût pour source et
pour aliment les nobles services qu'il rendait aux familles, qui assurât enfin sa
sécurité, son indépendance, sa perpétuité, au milieu même des crises et des
embarras du trésor ? Idée que certains déclamateurs n'ont pas même soupçon-
née, mais qui nous semble bien digne de la méditation des hommes d'Etat....
Quoi de plus naturel, en matière de contributions quelconques, que de faire

1. Entre autres, un libelle intitulé : *les Précurseurs de l'Antechrist.*
2. Voy. pour les questions relatives aux finances universitaires, le volume plein
de faits publié par M. Ch. Jourdain sous ce titre : *Le budget de l'instruction publique*
(1857). M. Jourdain a su animer cette matière aride, et donner à une étude financière
tout l'attrait d'une étude politique et morale.
3. *Observations sur la rétribution universitaire.*

payer un droit sur la chose, à celui qui a l'usage et le profit de cette chose ?
Quoi de plus juste et de plus convenable que de faire servir l'enseignement à
nourrir le maître, comme l'autel à nourrir le prêtre ? Quoi de plus naturel encore et de plus juste que de demander le prix de cet enseignement par une con-
tribution spéciale à celui qui le reçoit, plutôt que par l'impôt, à celui qui ne
le reçoit pas ; aux cinquante mille familles qui veulent une instruction complète,
animées qu'elles sont par le sentiment de toutes les espérances et de toutes les
jouissances que cette instruction renferme et procure, plutôt qu'aux neuf cent
mille autres familles qui ne demandent que les écoles primaires, et à celles qui,
plus pauvres encore ou plus isolées, mangent à la sueur de leur front leur blé
noir ou leurs châtaignes? — Non sans doute, poursuivait M. Rendu avec une
grande élévation de pensée, que le moindre membre du corps social ne soit intéressé à ce que les 50 000 enfants destinés aux emplois, aux dignités, aux
sciences et aux arts, soient solidement instruits. Mais, de bonne foi, cet intérêt
si général, si éloigné, et, il faut en convenir, si peu senti, peut-il être mis en
balance avec l'intérêt personnel, prochain, vif et pressant de ces membres pri-
vilégiés de la société au service desquels se consumeront dans leur laborieuse
ignorance, les enfants de l'artisan et du laboureur ? Il suffit, nous le croyons,
de laisser parler ici les sentiments de délicatesse, d'honneur et de noble fierté
qui vivent toujours au fond des cœurs. »

Défendue par des arguments si graves, la rétribution universitaire triompha d'invectives « lancées avec plus d'acharnement que
de bonheur[1]. » L'Université continua, jusqu'à la suppression de
son budget spécial, de tenir ouverte une source de revenus qui, à
l'avantage de ne point grever le trésor public, joignait celui de
n'être que la rémunération naturelle d'un service rendu.

Il n'y avait pas, au reste, unanimité d'opinions, il faut bien le
dire, au sujet de la rétribution scolaire, parmi les hommes qui en-
visageaient d'un œil impartial les intérêts de l'Université. Il est
curieux de connaître sur ce point la pensée de l'un des membres
ecclésiastiques du premier conseil impérial :

« Je suis de votre avis, écrivait à M. Rendu le cardinal de Bausset[2], quant
à la futilité des déclamations qu'on n'a cessé de répéter contre la rétribution
universitaire. La plupart des déclamateurs savaient à peine en quoi elle consistait, et n'avaient pas la plus légère idée de toutes les mesures de convenance,
d'équité, et, pour ainsi dire, de paternité, qui réglaient et qui modéraient la
perception de cette taxe.

« Malgré cela, je crois qu'il est préférable que le gouvernement se charge
lui-même de cette dépense, qui n'ajoutera qu'un bien léger accroissement au
fardeau des dépenses publiques. Je crois qu'on doit le désirer pour la considération personnelle des membres du corps enseignant. Vous savez mieux que
personne combien de détails minutieux exigeait la perception de la taxe, combien elle rendait pénibles les fonctions des inspecteurs généraux, obligés par

1. *Observations sur la rétribution universitaire*, p. 1.
2. Le 14 janvier 1817.

devoir d'en assurer et d'en surveiller le recouvrement; enfin nous savons jusqu'à quel point elle a servi de prétexte pour calomnier une institution respectable.

« Le gouvernement, en se chargeant de cette dépense, délivrera les chefs de l'instruction publique d'une administration financière qui les détournerait jusqu'à un certain point des pensées bien plus nobles et bien plus utiles qui doivent occuper leur zèle et leur attention.

« Je soumets ces observations à votre excellent esprit, en vous priant d'agréer l'expression bien sincère de tous les sentiments d'estime, de confiance et d'attachement que je vous ai voués depuis bien des années. »

En dehors de ces questions spéciales, l'Université continuait à être attaquée avec fureur. On avait perdu l'espoir de la détruire par les armes légales; on n'en travaillait que plus ardemment à la ruiner, comme on disait dans un certain camp, dans la considération des *gens de bien*. C'était le moment où un grand esprit faux, habitué, dès cette époque, à transformer ses antipathies en sentiments de haine étroite, et ses jugements absolus en anathèmes; toujours prêt d'ailleurs à entasser sur le fondement mal assis de sa logique aveugle des raisonnements qui se perdaient dans le vide et n'aboutissaient qu'à l'impossible, où l'abbé de Lamennais s'élançait à l'un des extrêmes de ce monde moral et politique dont il devait, hélas! visiter tous les horizons. Un tel homme était un auxiliaire précieux pour le parti de la destruction. On obtint de ce génie toujours prêt à l'emphase deux brochures d'accusation et d'invectives. On y lisait que la France, sous le régime universitaire, était « une nation à qui on pourrait vendre Dieu; » que l'on contraignait, « sous peine d'ignorance, d'acheter l'athéisme, le mépris des devoirs, le crime même, etc., etc.[1] » A des pamphlets de cette nature, au feu croisé du *Génie de la Révolution*, du *Conservateur* et de la *Minerve*, M. Rendu répondit, sans se départir du calme qui fait seul les discussions fécondes, par l'ouvrage intitulé : *Essai sur l'instruction publique et particulièrement sur l'instruction primaire*[2].

« Comme l'esprit moral et religieux qui avait guidé les chefs de l'Université depuis son institution, disait sans s'émouvoir l'infatigable publiciste, avait été franc et généreux sous Bonaparte, il est resté raisonnable et sincère sous Louis XVIII.

« On a retrouvé dans tous les actes de la Commission de l'instruction publique le langage et les intentions du grand maître et du conseil dont elle a re-

1. *De l'éducation comparée dans ses rapports avec la liberté.*
2. 3 vol. in-8, 1819.

cueilli l'héritage tout entier : pouvoirs et devoirs, sagesse et modération d'une part; et d'autre part, jalousie, détraction et injures, attaques furieuses de tous les partis [1]. »

Après avoir exposé en détail les actes de la *Commission*, M. Rendu opposait aux accusations passionnées cette affirmation qui, dans sa simplicité, était le plus provoquant de tous les défis :

« L'Université vit, et non-seulement elle vit, mais elle vivra; et toujours attaquée, elle ira s'affermissant toujours.... Pourquoi l'Université sera-t-elle toujours attaquée? La réponse est simple : elle possède et elle éclaire. Ce qu'elle possède, on le lui dispute; la lumière qu'elle répand, on la hait.

« L'Université est mise, par l'État même, en possession du plus beau domaine dont le roi et la loi puissent disposer, le domaine de l'instruction publique.

« L'Université recherchera, propagera toujours, et de tout son pouvoir, l'instruction et l'éducation, et cela jusqu'au sein du peuple; elle aimera la vérité dans toute son étendue; elle voudra la raison conduisant l'homme à la foi; la foi *au-dessus* de la raison et non pas *contre*.

« On voit comment et sous combien de rapports l'Université sera toujours militante et contredite. »

Puis à l'encontre des théories emportées que le succès du lamennaisianisme mettait en honneur, M. Rendu faisait cette profession de foi où éclataient tout ensemble et son attachement profond à la vérité religieuse et son inaltérable respect pour la liberté des consciences :

« Avant 1789, pouvoir suprême, parlement, Université, tout devait *tenir la main à l'entretènement de la religion catholique, apostolique et romaine*, alors comme depuis quatorze siècles, *religion de l'État*.

« Aujourd'hui gouvernement, magistrats, Université, tout doit tenir la main à ce que les divers cultes reconnus par l'État soient également libres.

« Qu'est-ce à dire? Infidèle à tous ses souvenirs, parjure à tous ses serments, déchirant toutes ses annales, la France aurait-elle donc abandonné son plus beau, son plus glorieux titre? la France aurait-elle cessé d'être la première nation catholique de l'univers?

« Non, certes; et nous en attestons les preuves sans nombre que la France a constamment données et donne encore dans son sein, et jusqu'aux extrémités du monde, de son zèle ardent pour la propagation de la foi chrétienne.

« Mais cette noble France a compris que les hommages volontaires conviennent seuls au Dieu, qui, tout en faisant l'homme pour sa propre gloire, l'a fait libre, et, tout en prévoyant les abus de la liberté, a voulu cette liberté. La France a compris que l'œuvre divine, forte et invincible par elle-même, après dix-neuf siècles de combats et de victoires, n'a nul besoin du faible bras de l'homme; et tranquille pour la vérité qui saura bien faire sa voie, elle garantit aux volontés humaines toute leur indépendance.

« Ainsi, la France de Clovis, de Charlemagne, de saint Louis et de Louis XIV

---

[1]. *Essai sur l'instruction publique*, etc., t. III, p. 3.

est et sera toujours une nation catholique : mais elle renferme plusieurs milliers de citoyens qui suivent d'autres cultes; et tout en conservant ses antiques traditions, son vieux respect, son inaltérable attachement à la foi catholique, qui fut toujours une si grande partie de sa gloire au dedans et au dehors, elle veut que les autres cultes soient, tout autant que le culte de la majorité des Français, exercés, pratiqués, enseignés librement. Assurer ce libre exercice, cette libre pratique, ce libre enseignement, c'est le devoir du gouvernement et des magistrats, c'est aussi le devoir de l'Université.

« Qu'on ne prétende pas qu'il y a dans cette vigilance universelle du corps enseignant, étendue à des cultes différents et contraires, tout un système d'indifférence et par conséquent d'incrédulité. Que l'on se calme enfin; que l'on se rappelle les enseignements de l'histoire ; que l'on considère ce qu'aujourd'hui même les plus fervents catholiques désirent pour la Pologne russe, si cruellement éprouvée dans sa foi; pour l'Irlande, encore si malheureuse ; pour la Chine, encore plongée dans de si épaisses ténèbres ; pour la Turquie et pour toutes les contrées où le sentiment religieux souffre violence, oppression, persécution, et *l'on reconnaîtra qu'il y a dans ces lois et dans ces mœurs de la France, qui seront un jour les lois et les mœurs du genre humain,* haute raison, justice et sagesse, respect pour la dignité de l'homme, respect pour sa plus chère liberté, respect pour le sanctuaire de sa conscience, et, par-dessus tout cela, confiance au Dieu de l'Évangile, confiance en Dieu et en sa sainte Église, dépositaire éternelle de l'éternelle vérité.

« L'Université de France continuera donc d'accomplir dans toute leur étendue les devoirs que lui imposent les lois du pays, ses statuts particuliers et l'esprit général du dix-neuvième siècle, en ce qu'il a de fort, de vrai et d'élevé ; et, se conformant à la loi commune de tout ce qui est bon, de tout ce qui est grand, de tout ce qui doit durer, toujours attaquée, toujours militante, elle ira s'affermissant et s'améliorant toujours. »

Pendant que M. Rendu soutenait avec une persévérante sollicitude cette ardente polémique, il ne cessait de servir par des actes l'institution qu'il défendait par la plume. Sans parler de ses fonctions d'inspecteur général, il prenait la plus grande part (nous y reviendrons) à la célèbre ordonnance du 29 février 1816, relative à l'enseignement primaire; et en 1817, il recevait la mission d'organiser et de présider la *Commission* que l'on chargeait de contrôler, à Paris, l'administration des collèges royaux[1].

Tant de services entraînaient leur récompense. En 1816, l'ancien collaborateur de Poirier et de Delamalle, avait été appelé au poste de substitut du procureur général près la cour royale de Paris; en 1820, il prit place[2] parmi les membres de cette Commission d'instruction publique pour laquelle il avait si vaillamment combattu.

A ce moment même, les efforts des défenseurs de l'Université

1. Lettre de M. Royer-Collard à M. Rendu, du 20 mai 1815.
2. Avec M. Poisson et l'abbé Nicolle. (*Ordonnance* du 22 juillet 1820.)

étaient couronnés d'un succès décisif; et, au grand scandale du parti que ses violences n'avaient pu préserver de la défaite, le roi Louis XVIII « voulant, disait le préambule de l'ordonnance, marquer aux membres de la Commission de l'instruction publique la satisfaction que nous avons éprouvée de leurs services, » élevait cette Commission au rang de *Conseil royal de l'instruction publique* [1]. »

L'ordonnance de 1820 décidait qu'un conseiller exercerait « les fonctions de ministère public telles qu'elles sont réglées par le décret du 15 novembre 1811, » et serait, en outre, chargé des affaires de l'instruction primaire.

M. Rendu fut désigné pour cette double mission. Il la remplit sans interruption jusqu'en l'année 1850; avec quelle passion du devoir, quel profit pour l'Université, quel respect religieux des grands intérêts qui lui étaient confiés, le corps enseignant ne l'a pas oublié. Une incroyable activité permit au conseiller-magistrat de faire face à l'immense labeur qui lui était imposé. Ceux qui ont vu de près M. Rendu savent par quel moyen il parvenait à mener de front, avec des fonctions si diverses, des travaux particuliers considérables, une participation active à toutes les œuvres sincères de propagande religieuse, et une correspondance publique et privée que son amour des détails et sa bienveillance inépuisable étendaient à l'infini. Debout, chaque matin dès trois heures, il avait accompli la tâche d'une journée au moment où d'ordinaire on se met à l'étude; et un travail de seize heures n'était souvent interrompu, pour lui, que par le temps d'un rapide repas.

Au milieu d'occupations si multipliées il restait pourtant accessible à tous, et recevait avec la même courtoisie le maître d'école, le recteur ou le député. Combien de membres de l'Université gardent aujourd'hui encore dans leur mémoire reconnaissante le souvenir d'un accueil gracieux et d'une parole encourageante qui n'était jamais prononcée en vain! Combien ont éprouvé à quel point M. Rendu était étranger à cette morgue qui n'est souvent que la ressource de la médiocrité vaniteuse; à quel point il savait

---

1. *Ordonnance* du 1er novembre 1820.

respecter dans tout fonctionnaire, si humble fût-il, la dignité d'homme, et surtout celle qui le consacrait à ses yeux, la dignité de chrétien !

Il nous faut maintenant suivre M. Rendu dans son double rôle de magistrat chargé du ministère public devant la suprême juridiction universitaire, et de conseiller spécialement préposé au gouvernement de l'éducation populaire.

Cette étude, il nous est permis de le dire, ne sera point stérile en enseignements. Rappeler les travaux du vénérable doyen de l'Université impériale, au sein du conseil, c'est remettre en lumière les principes de l'ancien *droit* du corps enseignant, et esquisser l'histoire de l'instruction primaire en France de-puis

VIII

Dépositaire des pensées qui présidèrent à la création de l'Université, M. Rendu avait une sorte de religieux respect pour la
grande institution qui, chargée de surveiller et de diriger le développement moral et intellectuel de la France, *devait tenir dans
ses mains l'avenir du pays*; et ce respect pour l'institution se tra-
duisait, dans cette âme toujours pleine d'instincts généreux, en un
sentiment d'affectueuse considération, je dirai presque de déférence pour tout homme, quelle que fût sa position hiérarchique,
qui était admis à l'honneur de participer à l'œuvre de l'éducation
et de l'instruction publiques.

Contemporain et inspirateur des premiers actes qui donnèrent à
l'Université son caractère propre, il aimait à répéter ces fortes
paroles :

« Sa Majesté a organisé l'Université en un corps, parce qu'un corps ne meurt
jamais, et parce qu'il y a transmission d'organisation et d'esprit. Des directeurs, des professeurs de lycées sont des magistrats importants : ils marchent le
front levé avec les parents dont ils sont les égaux; ils n'ont point devant eux
une contenance de salariés; ils n'assujettissent point leurs principes au caprice
et à la mode; ils ne sont point obligés à de puériles et fâcheuses condescen-
dances; ils peuvent faire tout le bien qu'ils sont appelés à produire [1] »

Avec cette haute idée de l'importance morale des fonctions
universitaires, on comprend dans quel esprit M. Rendu dut exercer le ministère public. Il y portait cette justice bienveillante et

1. *Instructions* dictées par l'Empereur.

cette délicatesse de formes qui n'excluent certes point l'impartiale fermeté, mais qui conquièrent les sympathies et la reconnaissance des accusés eux-mêmes. « Tout membre de l'Université, disait-il, sous peine d'être un membre indigne, a droit à des égards particuliers ; car, voué à une carrière qui suppose des habitudes laborieuses, des principes solides, des sentiments honnêtes, des mœurs pures, il réalise plus ou moins complétement un type très-rare parmi les hommes ; on lui doit, par conséquent, de le faire jouir de ces deux biens qui compensent ce à quoi il a renoncé volontairement du côté de la fortune, et sans lesquels, d'ailleurs, il n'est point de grande institution morale : *dignité, sécurité.* »

Le défenseur zélé des prérogatives du corps enseignant eût donc regardé comme une faute et comme un malheur d'affaiblir en rien, à aucun degré de la hiérarchie, devant des exigences arbitraires, les garanties accordées à ses membres par les décrets constitutifs de l'Université. Il détestait les petites tyrannies et les tracasseries mesquines ; il entendait qu'une forte et intelligente discipline, en réprimant les abus et en châtiant sévèrement les désordres, respectât une noble indépendance de caractère et de pensée. « Nous n'avons pas affaire à des commis et à des agents improvisés d'une administration matérielle, disait-il, nous avons devant nous non pas des machines, mais des hommes ; non pas des instruments dont l'un vaut l'autre, mais des intelligences dont chacune a sa valeur propre, et qui ont formé, au prix de longs et méritoires efforts, le trésor moral qu'elles mettent à notre disposition. Sachons donc leur témoigner du respect. » Et il n'avait pas de termes assez sévères pour qualifier l'outrecuidance d'administrateurs vulgaires qui, incapables de s'élever à la notion des devoirs délicats, exerçaient un pouvoir d'emprunt avec une rudesse et une âpreté qui eussent rendu l'autorité odieuse, sous prétexte d'en relever le prestige.

Pour avoir une idée exacte de la manière dont M. Rendu comprenait l'exercice de la juridiction universitaire, il faut étudier son travail sur l'*Université de France et de sa juridiction disciplinaire ;* on y voit tout ce qu'un sentiment exquis de la dignité de l'homme, tout ce qu'une conviction profondément, ardemment chrétienne peuvent inspirer d'égards aux supérieurs envers les subordonnés, de ménagements aux juges envers les justiciables[1] ; il faut relire aussi la circulaire mémorable du 19 janvier 1821, circulaire sortie de la plume du conseiller magistrat et dans laquelle il a développé ces deux règles fondamentales de la juridiction universitaire, telle que, dans sa passion de la justice, il la comprit toujours[2] : « nul ne peut être condamné qu'il n'ait été entendu ; toute accusation doit être éclaircie, à charge ou à décharge. »

« En se tenant à ces deux règles essentielles, disait la circulaire, on parviendra infailliblement à fonder sur des bases durables au dedans, entre les membres de l'Université, comme au dehors vis-à-vis d'eux, la considération, le respect mutuel et les justes égards qui sont à la fois la récompense et la sauvegarde de l'homme public.

« Certain de n'être pas jugé sans avoir été entendu, assuré que tant qu'il ne lui est point fait de reproche, c'est qu'on n'en a point à lui faire, tout fonctionnaire de l'Université recueillera de cette conviction même le plus doux prix de ses travaux, une entière liberté d'esprit, une pleine sécurité ; il saura qu'il tient son sort dans sa main, et qu'il ne doit craindre pour lui que lui-même....

« Sous cette double influence d'une sécurité qui est le premier droit de l'honnête homme, et d'une vigilance religieuse qui est sa première garantie contre lui-même et contre les autres, il envisagera d'un œil satisfait l'honorable carrière où les talents et les vertus lui permettent d'espérer un bonheur qui peut aussi n'être pas sans gloire. »

Et l'auteur de ces encourageantes paroles se plaisait à répéter : *Ce que vous donnerez aux hommes en témoignages d'estime, ils vous le rendront en dévouement.* Pensée bien digne de celui dont le noble cœur aimait toujours à supposer chez autrui l'élévation de sentiments qu'il trouvait en lui-même, et qui, fut, dans toute la force du terme, le *magistrat de l'enseignement !*

Ce nom, mieux que tout autre, convient à M. Rendu ; ce qu'il voulait, ce qu'il recherchait en toutes choses, de toute l'énergie de sa volonté, c'était *le juste* manifesté par *la loi.*

---

1. Les premières lignes de cet opuscule montrent quel est l'esprit qui l'anime : « Si je veux m'assurer qu'un pays est bien gouverné, qu'il y a sécurité pour tous ceux qui habitent son territoire, je ne m'informe pas si les forts et les puissants jouissent en paix de leur fortune et de leurs honneurs. Je me demande si le petit, si le faible est certain du moins qu'il ne perdra que par sa faute son repos, sa liberté, son pain ; que s'il est accusé, il pourra se défendre. »

2. « Juridiction toute paternelle, a écrit M. Rendu, qui veut surtout prévenir et réformer, qui doit conséquemment avertir et consulter avant de frapper, et quand enfin elle frappe, frapper juste de manière à forcer l'assentiment même du coupable. »

« Il est un principe sacré, écrit-il en 1828 [1], qui conserve à l'homme toute sa dignité, qui protége la majesté des rois comme la liberté des peuples, la paix de l'Église comme la paix du monde, c'est celui-ci : LA LOI, ou *politique ou religieuse*, est l'œuvre d'une volonté générale supérieure à toute volonté individuelle. Que tout ordre émané de nous qui serait contraire à *la loi* n'ait aucune force, ont dit nos rois. Que rien ne soit valide de ce qui aurait été surpris de *contraire aux canons*, ont dit les Célestin, les Léon, les Adrien, les Hilaire.

« Que dit *la loi*? Tel a toujours été le premier cri contre tout despotisme ecclésiastique ou politique. Là sont toutes nos libertés et religieuses et civiles.

« Certes, il faut en convenir, cette doctrine est essentiellement amie de la lumière. Loin de redouter l'instruction, elle l'exige ; loin de tuer la science, elle la ranime; loin de dispenser de l'étude, elle l'impose ; elle provoque et nécessite le plus grand développement de l'esprit humain ; elle est enfin diamétralement opposée au système d'une obéissance aveugle et passive; système faux et destructeur dans l'ordre religieux comme dans l'ordre civil, ajoutait avec fermeté M. Rendu; soit qu'il abaisse l'autorité de la loi pour la soumettre aux illusions ou aux caprices d'une seule volonté; soit qu'il déplace l'infaillibilité promise et donnée à l'Église universelle pour la concentrer dans un seul pontife, chef et non pas maître de toute l'Église. »

Ce culte de *la loi* a inspiré tous les écrits de M. Rendu, et l'a poussé à élever le vaste monument de la législation de l'instruction publique qu'on appelle le *Code universitaire* [2]; il lui a dicté ses *Réflexions sur quelques parties de notre législation civile*, où il s'est proposé de mettre en relief les rapports qui doivent unir la loi humaine et la loi divine [3]; il lui a dicté aussi les quelques pages sur le *conseil de l'Université*, comparé au conseil d'État.

Au double point de vue d'une interprétation et d'une application régulières de la loi, et des intérêts de la grande *administration intellectuelle* qu'il avait tant contribué à fonder, M. Rendu ne concevait pas le gouvernement de l'Université sans un conseil *permanent*, plus ou moins semblable à celui que Napoléon Ier avait placé à côté du grand maître. L'existence d'un tel conseil lui paraissait la condition absolue de la prospérité morale de l'Université. Il y voyait, pour l'institution, un couronnement et un honneur; pour le personnel enseignant, une garantie ; pour le chef

---

1. *Un mot sur l'ordre légal.*

2. In-8 de 1100 pages. La première édition du *Code* parut en 1828. Il se divise en deux parties principales : l'une qui contient les lois, décrets et ordonnances, en un mot, les actes directs de la puissance publique; l'autre qui renferme les statuts émanés du conseil de l'Université.

3. Il est traité dans ces *Réflexions* : du *mariage*, de la *puissance paternelle*, des *enfants naturels*, de *l'adoption*, du *prêt et de l'usure*, des *dons et legs* faits à des établissements d'utilité publique, des *différentes lois qui régissent le monde*.

responsable, — grand maître ou ministre, — une lumière et un appui.

Selon lui, et conformément à la pensée de l'Empereur consignée dans les décrets de 1808 et de 1811, pouvoir réglementaire, pouvoir administratif contentieux et non contentieux, pouvoir disciplinaire, tout, dans l'Université devait être du ressort du conseil[1]; tout, sauf une exception, immense, il est vrai, dans un corps où les questions de principes se résument dans des questions de personnes, la nomination et la promotion des membres de l'enseignement, et la collation des titres honorifiques.

Il professait que le conseil de l'instruction publique, en présence même du principe constitutionnel de la responsabilité du ministre, était, dans les *matières de juridiction et de discipline*, en possession de rendre des décisions obligatoires. « En ces matières, qui intéressent l'honneur, la fortune, l'existence civile des hommes, le ministre de l'instruction publique, disait-il, est vis-à-vis du conseil ce qu'est le ministre de la justice vis-à-vis des tribunaux. Le conseil est alors un véritable tribunal : ainsi l'a voulu l'immortel fondateur de l'Université : il a senti qu'il fallait donner cette garantie du jugement par leurs pairs aux hommes à qui le pays confierait ses destinées intellectuelles et morales[2]. »

Ce qu'il était en théorie, M. Rendu l'était en pratique : inébranlable propugnateur de la loi, jamais il ne laissa fléchir devant aucune influence quelle qu'elle fût, ce qu'il considérait comme le droit. On le vit prendre en main la cause de pauvres maîtres d'écoles de village, accusés mal à propos, ou illégalement frappés[3], avec la même passion qu'il assumait la défense d'institutions renommées. L'une des affaires les plus célèbres dans lesquelles il joua un rôle principal comme chargé du ministère public fut celle de Raymond-Dominique Ferlus, directeur de l'école de Sorèze. Sorèze,

---

1. Disons tout de suite que l'Empereur, en donnant au conseil des attributions si considérables, n'avait pas oublié les intérêts de l'autorité souveraine. Il s'était réservé expressément (art. 144 du décret de 1808) de réformer par des décrets pris en conseil d'État, toute décision, statut ou acte émané du conseil de l'Université ou du grand maître, *toutes les fois qu'il le jugerait utile au bien de l'État.*

2. *Du conseil d'État et du conseil de l'Université.*

3. A toutes les époques, M. Rendu ne cessa de lutter pour faire appliquer aux instituteurs primaires comme aux fonctionnaires les plus élevés du corps enseignant le principe fondamental à ses yeux : nul ne peut être condamné sans avoir été entendu.

avant de reconquérir une gloire nouvelle, sous la direction d'un moine illustre, était devenu un établissement laïque, où quatre cents élèves, envoyés de toutes les parties du monde, témoignaient du caractère d'une direction habile. Cette grande école n'avait cessé d'être l'objet des jugements les plus favorables; tout à coup, au milieu de l'année 1823, elle est dénoncée comme animée d'un *esprit antimonarchique* et *antireligieux*, et comme offrant un *vaste foyer de mauvaises doctrines et d'opinions dangereuses*.

La cause est portée devant le conseil royal. M. Ferlus accourt à Paris : « Vous serez jugé avec la plus sévère équité, lui dit le grand maître, et vous n'en douterez pas, quand vous saurez que dans votre affaire, les fonctions du ministère public sont remplies par M. Rendu[1]. » — « En effet, dit l'historien de Sorèze, ce magistrat d'une conscience incorruptible, et dont les lumières égalent la justice, recueillit avec scrupule les pièces du *procès*, et après deux mois d'un travail pénible, s'étant convaincu que l'enquête, seule base de l'accusation, était illégale, sans preuves suffisantes, entachée de passion, » conclut à ce que le conseil royal *déclarât l'accusation mal fondée*.

Les adversaires de Sorèze étaient avant tout les ennemis de l'enseignement laïque. Très-puissants au moment où éclata l'affaire, ils ne pardonnèrent pas à M. Rendu la haute impartialité dont il avait fait preuve, et la fermeté avec laquelle, dans son *rapport*, il avait démasqué leurs menées secrètes[2].

Plusieurs d'entre eux, celui surtout à qui le caractère de son intervention dans cette affaire, aussi bien que le point de départ de son rôle universitaire eût dû imposer une stricte réserve, honorèrent l'intègre conseiller de leurs sentiments haineux. M. Rendu n'y opposa que l'indifférence et le dédain. Sa conscience lui rendait ce témoignage qu'en concluant contre les ennemis de Sorèze, il avait rendu hommage au droit; et vingt années plus tard, il écrivait à l'historien de la célèbre école, ce billet qui fut la seule réponse à de persévérantes rancunes :

« Je suis fort touché, monsieur, de ce souvenir de Sorèze que vous me rap-

---

1. *Histoire de l'école de Sorèze*, par M. Combes, p. 162.
2. Ce *rapport* compte 63 pages in-folio.

pelez d'une manière si aimable. J'ai toujours béni Dieu de m'avoir assisté, éclairé, fortifié dans cette grave circonstance. Il y avait beaucoup à faire à Sorèze, mais la violence était un mauvais remède, et l'injustice m'avait paru évidente. »

Tel fut M. Rendu dans son rôle de magistrat universitaire. Ses collègues du conseil royal l'appelaient *la loi vivante;* ceux qui durent être jugés par lui le désignaient sous ce nom : *l'homme juste*[1].

1. *Histoire de Sorèze*, p. 163.

IX

L'instruction primaire en 1815. — MM. Cuvier, de Gérando et Rendu. — Préparation d'une ordonnance sur l'instruction primaire. — Note de M. Rendu. — Les comités, l'enseignement obligatoire. — Ordonnance du 29 février 1816. — L'enseignement *mutuel* et l'enseignement *simultané*. — Les Frères des écoles chrétiennes.

On a vu que d'après les conclusions du Mémoire de Cuvier (1810), la réorganisation de l'enseignement primaire en France devait « reposer sur ces trois bases : *le bien-être des maîtres*, *la surveillance des inspecteurs*, *le perfectionnement des méthodes;* » on a vu, de plus, que selon le décret de 1808 les Frères des écoles chrétiennes étaient rendus à leur pieuse mission, en même temps que des *classes normales* étaient fondées pour la formation des maîtres laïques; on n'a pas oublié, enfin, qu'aux termes du rapport de Carnot en 1815, l'Université devait se proposer dans le développement de l'éducation populaire, « non pas de former des demi-savants, mais de donner à chacun des lumières appropriées à sa condition; » et que, dans la pensée de l'Empereur, « l'instruction primaire devait finir par faire participer tous les individus des classes les moins fortunées aux bienfaits de la première éducation. »

De telles vues étaient le programme le plus complet que pût tracer un dévouement éclairé aux intérêts moraux et intellectuels du peuple.

Il était urgent de travailler à l'application de ce programme. Car, malgré les efforts déjà tentés, on l'a vu, la situation de l'enseignement primaire était déplorable[1]. Dans un très-grand nombre

1. Je lis dans un rapport inédit de 1817 : « Dans certains départements, il n'est pas rare de trouver vingt ou trente communes d'un même arrondissement au milieu desquels il n'existe qu'un seul maître d'école. En général, la proportion du nombre des communes à celui des écoles est à peu près comme 12 est à 1. Aussi celui qui, dans ces cantons, sait lire et écrire, est regardé comme un homme habile et supérieur

de villages, ni maîtres ni écoles ; presque partout où n'avaient pu être fondés des établissements de Frères, des taudis ou des caves, sous la prétendue surveillance de pauvres diables dont la misère faisait la vocation, ou d'aventuriers que la prison disputait parfois à l'école, abritaient une jeune population qui menaçait de s'étioler d'âme et de corps. Cette population, il fallait la replacer sous l'influence active et directe de l'Église et de l'État unis, au nom de l'intérêt social, dans une sorte de ligue du bien public. Ce qui était en jeu, ce n'était pas la science du *deux et deux font quatre;* la question était plus haute : il s'agissait de renouer la tradition morale et chrétienne que le souffle révolutionnaire avait brisée.

Trois hommes se placèrent alors résolûment en face de ce grand problème. M. Cuvier qui, depuis sa mission en Allemagne, n'avait jamais perdu de vue les intérêts de l'éducation populaire, et qui les représentait au sein de la Commission de l'instruction publique; M. le baron de Gérando, qui défendait au conseil d'État la cause dont il s'était fait le serviteur passionné comme secrétaire général de la *Société pour l'instruction élémentaire;* M. Rendu, que sa liaison intime avec ces deux personnages, aussi bien que ses convictions personnelles, portaient à combattre les ravages d'un mal dont ses fonctions d'inspecteur général le mettaient à même de mesurer l'étendue. Des efforts combinés de ces trois hommes allait sortir l'ordonnance célèbre sous laquelle l'instruction primaire en France a vécu jusqu'en 1833, l'ordonnance du 29 février 1816.

Dès 1811, on l'a vu, M. Rendu avait fait adopter au conseil impérial l'établissement de commissions d'arrondissements et de cantons destinées à encourager et à surveiller les écoles. Les circonstances avaient entravé l'exécution de ce plan; il s'agissait de le faire consacrer sous le régime nouveau, et de le mettre en œuvre. MM. Cuvier et de Gérando se tenaient prêts à patronner chaleureusement les propositions de M. Rendu, et dans la Commission d'instruction publique et au sein du conseil d'État. Le principe

---

aux autres habitants ; *il se voit consulté par ses voisins comme un docteur.* » Ce fait est le meilleur argument pour démontrer la nécessité *sociale* de l'instruction *universelle.* Quand tout le monde sait lire, qui pense à en être fier et à transformer l'alphabet en brevet de docteur ?

d'une ordonnance sur l'instruction primaire ayant été accepté par le ministre de l'intérieur, M. de Vaublanc, le projet d'ordonnance fut élaboré officieusement entre les trois amis.

Je trouve cette note de M. Rendu à la date du 21 octobre 1815 :

« Aujourd'hui, réunion chez de Gérando. Nous sommes d'accord sur la nécessité de fortifier l'influence religieuse, et Cuvier accepte la présidence du comité par le curé du canton. Ne témoignons pas de défiance au clergé ; il viendra à nous si nous allons à lui ; convainquons-le de toutes façons que l'Université veut sincèrement, ardemment la régénération des esprits par la foi chrétienne ; dans cette œuvre capitale il faut assurer, à tout prix, l'alliance de l'Église et des pouvoirs publics.

« Cuvier a demandé que dans les cantons où le culte protestant est en exercice, il soit formé un comité spécial. Cela est de toute justice. Le protestantisme sincère ne fera pas de conquêtes sur le catholicisme ; il n'y a là rien à craindre. Qu'il en fasse sur le vide, et qu'il arrache, de son côté, s'il le peut, de malheureuses âmes au vice et à la dégradation morale. Le catholicisme n'y perdra rien.

« Il faut absolument que la société trouve des garanties d'ordre autre part que dans l'ignorance de ses membres. Nous sommes tous les trois d'accord pour imposer à chaque commune l'obligation d'assurer l'enseignement à tous ses enfants et de donner aux indigents l'instruction gratuite. Ne laissons pas aux amis de la Révolution l'avantage de se faire contre les hommes d'ordre et contre les chrétiens les champions de l'instruction. Sachons être à la tête de tous les progrès raisonnables. »

« Déclarerons-nous l'instruction obligatoire ? J'y incline quant à moi. Je ne verrais là rien de révolutionnaire, tant s'en faut. Nous devons revenir là-dessus dans la prochaine réunion [1]. »

Le projet d'ordonnance une fois arrêté, le préambule en fut pré-

___

[1]. Il eût été très-curieux de connaître l'examen qui fut fait de cette question par des hommes tels que MM. Cuvier, Rendu et de Gérando. Je n'en retrouve malheureusement point trace dans les papiers de mon père. Le reflet de la discussion qui dut avoir lieu à cette occasion se projette pourtant sur l'article 17 de l'ordonnance de 1816 : « Le maire fera dresser dans chaque commune et arrêtera le tableau des enfants qui *ne recevant point ou n'ayant point reçu à domicile* l'instruction primaire, devront être appelés aux écoles publiques, d'après la demande de leurs parents. »

On voit dans le contexte de cet article, qu'on était tout près de trouver très-bon le principe de l'enseignement obligatoire, mais qu'on hésitait à en régler l'application.

En ce qui est de l'opinion personnelle de M. Rendu sur ce grave sujet, je puis affirmer, complétant par mes souvenirs l'indication contenue dans la note citée ci-dessus, qu'elle était très-favorable au système de *l'obligation*. On me permettra de dire que lorsqu'après avoir rempli ma mission en Allemagne, je traitai spécialement cette question « qui pour de bons esprits, écrivait tout récemment M. Guizot, demeure encore indécise, » (*Mémoires*, t. III, p. 64), mon père approuva sans restriction la manière dont j'avais cru pouvoir la poser : « Ce n'est pas l'intérêt intellectuel, disions-nous alors, c'est l'intérêt moral qui domine avant tout le problème ; il ne s'agit pas de décider simplement si de jeunes enfants devront, de par la loi, savoir lire et écrire : des peuples ont vécu sans cette science ! La question est plus haute ; les faits la posent chaque jour sous nos yeux ; elle est celle-ci : une partie de la génération qui s'élève ne trouve plus au foyer domestique le dépôt des vérités morales et religieuses. Dans un

paré par MM. Rendu et de Gérando; il est bon d'en rappeler les termes :

« .... Nous étant fait rendre compte de l'état actuel de l'instruction du peuple des villes et des campagnes dans notre royaume, nous avons reconnu qu'il manque, dans les unes et dans les autres, un très-grand nombre d'écoles; que les écoles existantes sont susceptibles d'importantes améliorations. Persuadé qu'un des plus grands avantages que nous puissions procurer à nos sujets, est une instruction convenable à leurs conditions respectives; que cette instruction, surtout lorsqu'elle est fondée sur les véritables principes de la religion et de la mo-

nombre considérable de familles appartenant aux classes souffrantes, la tradition chrétienne, par là même la tradition sociale est brisée. Qui renouera cette tradition ?

« L'Église, dit-on, et la famille. Plût à Dieu que l'Église étendît sur cette partie des populations dont on parle, sa puissante influence; que cette influence fût invoquée partout, ou du moins, partout acceptée ! Plût à Dieu que la famille fût universellement ce qu'elle doit être, c'est-à-dire, le sanctuaire où se conservent avec les vérités morales les mœurs pures qui font les peuples forts ! mais ne le voit-on pas ? Le problème étant formulé dans les termes que nous dictent les faits, répondre directement par l'Église et par la famille, c'est répondre par la question.

« Sans doute les vivantes leçons de la famille et les préceptes de la religion sont le nerf de l'éducation; sans doute il faut poser la loi chrétienne dans l'enseignement comme point de départ et comme but; qui le conteste? Mais dans les centres manufacturiers, mais dans ces villages trop nombreux où la foi religieuse est sans vie, comment en ranimer les germes dans le cœur d'une génération qui échappe à ses enseignements? En d'autres termes, dans ces communes où un matérialisme théorique et pratique a chassé la population de l'église ou du temple, quels moyens d'action mettrez-vous aux mains du curé ou du pasteur? Et si trop souvent la famille elle-même n'est pas demeurée intacte; si trop souvent par le renversement des lois providentielles, l'instrument de vie est devenu instrument de mort, invoquerez-vous cette même influence, qu'il s'agit de suppléer, qu'il s'agit même de combattre?

« Voilà les considérations que, sous peine de se placer en dehors des faits, et de discuter dans le vide, il est impossible de méconnaître. Eh bien ! là où l'indifférence et un brutal mépris s'élèvent comme un rempart entre l'âme de l'enfant et la main de l'Église ; là où la vie morale s'éteint dans une atmosphère viciée, quelle ressource pourront invoquer encore et la religion et la société? Sur quel terrain engager un dernier combat contre la corruption de l'esprit et du cœur? A notre avis, il n'en reste qu'un, un seul, et ce terrain c'est l'école.

« Et maintenant, qu'est-ce que l'école? L'école n'est pas seulement à nos yeux, est-il besoin de le dire, cette salle garnie de bancs et de tableaux où jeunes drôles, sous la férule d'un maître, viennent s'initier tant bien que mal à la science du *deux et deux font quatre;* non l'école a pour nous une destination plus sérieuse : elle se propose avant tout, de rendre quelque dignité aux âmes des pauvres êtres qui lui sont confiés, de purifier leurs sentiments, en jetant, comme des éclairs dans la nuit de leur intelligence, les vérités qui font du christianisme le fondement de l'ordre social ; elle est le lieu où la loi morale, à la lumière des leçons quotidiennes et sous l'autorité de la tradition religieuse, se manifeste à l'enfant. Elle est cela, sous peine de cesser d'être elle-même.

« Supprimez l'école, ou, ce qui revient au même, laissez-la supprimer par la cupidité d'un maître ou l'insouciance d'une famille : on ne supprimera pas l'enseignement de la place publique, de l'atelier, du cabaret. Que gagnera la société à laisser un tel enseignement sans rival, et son abdication sera-t-elle une sauvegarde? » (*Mémoire sur l'enseignement obligatoire*, 1853.)

rale, est non-seulement une des sources les plus fécondes de la prospérité publique, mais qu'elle contribue au bon ordre de la société, prépare l'obéissance aux lois et l'accomplissement de tous les genres de devoirs ; voulant d'ailleurs seconder autant qu'il est en notre pouvoir le zèle que montrent des personnes bienfaisantes pour une aussi utile entreprise, et régulariser, par une surveillance convenable, les efforts qui seraient tentés pour atteindre un but si désirable, nous nous sommes fait représenter les règlements anciens, et nous avons vu qu'ils se bornaient à des dispositions qui, jusqu'à ce jour, n'ont point été mises en vigueur.... »

Approuvé par la Commission d'instruction publique, le projet d'ordonnance fut discuté au conseil d'État (décembre 1815), où le patronage de MM. Cuvier et de Gérando le fit triompher des attaques. Les trois auteurs eurent la satisfaction de voir leur œuvre, revêtue de la sanction royale (29 février 1816), devenir le point de départ et la règle de tous les développements de l'instruction primaire ; ils eurent celle aussi, — puisque la contradiction est l'épreuve nécessaire de toute création utile, — de la voir immédiatement en butte aux interprétations les plus hostiles. « Qu'avons-nous fait, écrivait M. Rendu, toujours sur la brèche[1], et quelle est notre simplicité ? Toutes ces belles apparences sont des chimères, toute cette ordonnance est un piége. La Commission d'instruction publique, en la proposant au roi, n'a voulu ; le roi, en la donnant à son peuple, n'a fait que *revenir aux décrets de la Convention, rendre les maîtres d'école indépendants des curés, éloigner les Frères des écoles chrétiennes, et favoriser la multitude des charlatans. C'est le génie de la Révolution qui l'a dit.* » Puis continuant la tâche entreprise, les auteurs de l'ordonnance répondaient aux accusations d'un parti implacable par des circulaires où la Commission d'instruction publique tenait ce langage :

« Vous aurez soin, disait-elle aux recteurs, de faire connaître à MM. les évêques et à tous les ecclésiastiques que, dans l'œuvre de l'éducation, vous n'êtes que leurs auxiliaires ; que l'objet de l'instruction primaire est surtout de fortifier l'instruction religieuse. »

Si la Commission instituait des médailles d'encouragement pour les maîtres[2],

« Le conseil académique, s'empressait-elle d'écrire aux recteurs, par la plume

---

1. *Essai sur l'instruction publique*, t. II, p. 568.
2. *Arrêté* du 15 juin 1818.

de M. Rendu, n'oubliera pas que les soins donnés à l'enseignement de la religion, des mœurs exemplaires, une conduite irréprochable, sont la première condition des récompenses qui leur sont offertes. »

C'est à ce moment que M. Rendu commença d'étendre sur l'institution vénérable à laquelle l'enseignement du peuple avait été si redevable, depuis plus d'un siècle, sur l'association des *Frères des écoles chrétiennes*, le patronage qu'il ne cessa d'exercer pendant tout le cours de sa longue carrière. Si ce patronage fut actif et militant, la reconnaissance des Frères l'a proclamé assez haut. Mais ce qu'il faut dire ici, c'est qu'il fut en même temps assez éclairé pour défendre contre eux-mêmes ceux qu'il protégeait. M. Rendu fut plusieurs fois en contradiction avec l'institut qu'il couvrait de l'épée et du bouclier; et précisément le premier acte de son patronage fut une vive résistance à de périlleux entraînements.

A l'époque où nous sommes arrivés, tout était machine de guerre. De simples et bien humbles questions pédagogiques étaient érigées en théories menaçantes; à peine pourrait-on comprendre aujourd'hui que, transformées par la baguette magique des partis, plaisamment élevées au rang de luttes de tribune et de presse, les modestes querelles de deux *méthodes* missent en péril la paix des écoles, et y fissent pénétrer le souffle enflammé des haines politiques. Qui peut se représenter l'*enseignement mutuel* et l'*enseignement simultané* ayant pris corps et vie, sous la forme de héros de bataille; luttant en champ clos sous les yeux d'un public passionné; et dans l'intervalle de passes d'armes auxquelles applaudissaient deux camps ennemis, s'accusant respectivement de bouleverser l'ordre politique et religieux[1], ou d'étouffer, dans la routine, la vie intellectuelle du pays?

Certes l'enseignement *mutuel* et l'enseignement *simultané* étaient par eux-mêmes fort innocents des gros mots qu'on échangeait en leur nom. Ils ne méritaient assurément

Ni cet excès d'honneur ni cette indignité.

[1]. Voyez, entre autres pamphlets de l'époque, la *Lettre d'un catholique* à M. le comte de Chabrol, préfet de la Seine. On y voit que les partisans de l'enseignement mutuel « ont été dupes d'une faction ténébreuse, toujours occupée du *grand œuvre*; » que « la méthode lancastérienne est un moyen infaillible de désorganiser l'enseignement et la morale; » — « qu'au lieu de resserrer les liens qui nous attachent à la monarchie, elle ne tend qu'à les relâcher, etc., etc. »

Mais derrière l'enseignement mutuel se cachaient l'hostilité contre l'influence religieuse, ou, du moins, les protestations de l'esprit laïque contre les projets menaçants que la passion prêtait au clergé. Derrière l'enseignement simultané, au contraire, apparaissait une association forte par ses œuvres traditionnelles et par l'esprit de corps : l'association des *Frères des écoles chrétiennes*.

De 1815 à 1818, les Frères avaient continué sans bruit, comme ils l'avaient fait sous l'Empire, l'œuvre de dévouement et d'abnégation qui avait été leur gloire. Satisfaits de la protection bienveillante que leur accordait l'Université[1], ils étaient demeurés étrangers à tout esprit d'hostilité ou d'intrigue. Tout à coup, refus de l'institut de se conformer aux dispositions de l'ordonnance de 1816, concernant les examens et les brevets. Une main habile et cachée venait d'arracher les Frères à leurs pacifiques labeurs pour les enrôler sous une bannière ennemie; déjà l'affaire était portée à la tribune parlementaire; la lutte allait s'établir; l'issue en eût été fatale et pour les Frères et pour l'enseignement.

M. Rendu se jeta entre les Frères et leurs dangereux amis.

« La question qui s'agite depuis quelque temps, par rapport aux Frères des écoles chrétiennes, dit-il habilement, paraît d'abord extrêmement simple. Il s'agit de savoir si les pieux instituteurs qui dirigent en France un nombre considérable d'écoles, sont tenus de se soumettre aux formalités que les lois, décrets et ordonnances prescrivent à tous les instituteurs primaires.

« Mais bientôt un examen plus attentif prouve que la véritable difficulté n'est point là.

« Jusqu'à présent, la congrégation des Frères ou plutôt ses défenseurs bénévoles, d'autant plus nombreux qu'elle n'a point d'ennemis, n'ont cité en sa faveur aucune exception favorable. Or cependant, l'obligation d'obéir devient un problème insoluble pour ces bons Frères qui, du reste, voués sans partage à leurs saints et utiles travaux, sont fort innocents de tous les débats qu'on excite en leur nom.

« De ces réflexions, il suit naturellement qu'il y a donc quelque autre chose au fond d'une question dont l'apparente simplicité contraste avec la longue et sérieuse discussion à laquelle d'illustres personnages n'ont pas dédaigné de prendre part.... Comme il sera démontré que les statuts de la congrégation ne sont point la raison de résister, il faudra chercher ailleurs cette puissante raison....

« Nous voulons sauver l'institut des écoles chrétiennes du péril certain où le précipiterait un système dont on ne peut définir l'objet, dont on ne saurait avouer ou justifier les motifs. »

Puis abordant la question dans ses détails, M. Rendu montrait

---

[1]. On peut voir toutes les preuves de cette protection dans l'ouvrage déjà cité de M. Rendu.

aux Frères quels étaient leurs véritables intérêts, et où se trouvaient
pour eux, avec la sécurité, les conditions d'un succès durable, depuis le jour où, visant leurs statuts (4 août 1810), l'Université, en
échange de l'obéissance à ses règlements, leur avait assuré, avec
l'existence civile, l'exemption du service militaire.

Si les Frères écoutèrent la voix de la saine raison, si les conseils
d'un ami assez dévoué pour contredire et pour déplaire les arra-
chèrent à des résolutions périlleuses, il faut en savoir gré à leur
esprit de modération et de sagesse. En effet, les suggestions passionnées ne leur manquaient pas : se soumettre aux lois de l'Université n'était-ce pas signer leur propre destruction ?

« Bientôt, s'écriaient leurs prétendus amis pleurant par avance sur leur ruine,
le peuple cherchera vainement au milieu de nous ces hommes objets de son
respect. L'influence de leurs leçons et de leurs exemples cessera de se faire
sentir dans les familles. Pauvres enfants! continuait-on pieusement, vous aurez
d'autres maîtres, vous écouterez d'autres enseignements, et, grâce aux lumières du siècle, l'Université s'occupera de vous fournir le *savoir* pendant que les
tribunaux s'occuperont de *vos mœurs* [1]. »

La soumission des Frères aux règlements de l'Université, leur
déférence aux conseils de M. Rendu, leur fut en effet mortelle : en
1819 ils avaient en France 70 écoles; quelque temps après la loi
de 1833, ils en comptaient 462.

1. Article du *Conservateur* en 1818.

X

L'instruction primaire depuis 1820. — Triple but que poursuit M. Rendu : 1° Enseignement professionnel; — 2° Fondation des écoles normales. — Les écoles normales et les associations religieuses. — Les Frères des écoles chrétiennes. — Les
frères Lamennais; — 3° Organisation de l'inspection. — La loi de 1833.

A partir du moment où M. Rendu fut chargé particulièrement,
au conseil royal, du gouvernement de l'instruction primaire, il
concentra son attention sur trois points principaux : 1° la création
d'un système d'enseignement répondant aux besoins des classes
vouées à l'industrie; 2° la fondation d'établissements destinés à
former les instituteurs; 3° l'organisation d'un système régulier de
surveillance et d'inspection.

Ce triple but, M. Rendu le poursuivit à travers des circonstances bien diverses, avec une persévérance infatigable. S'il est à peu
près atteint aujourd'hui par l'administration supérieure de l'instruction publique, il est juste de ne pas oublier à qui sont dus
les premiers et plus longs efforts.

« Sachons, disait l'ami de Fontanes et de Cuvier[1], sachons
nous mettre à la tête de tous les progrès raisonnables. » Ce mot
peut être considéré comme la devise administrative de M. Rendu;
il y fut constamment fidèle. Le *progrès* n'était pas, pour lui, une
fantaisie, un instinct de novateur, un rêve d'amour-propre et
d'ambition : c'était l'accomplissement d'une tâche imposée par
Dieu, le développement d'une œuvre providentielle, l'application
des préceptes de Celui qui a dit : *Soyez parfaits comme votre Père
céleste est parfait.* C'était au nom de la loi religieuse, au nom de la
dignité humaine relevée par la vocation du chrétien qu'il marchait
à la conquête du perfectionnement. Aussi n'est-ce pas contre
lui que portent les reproches de routine et de fidélité aveugle à

1. Note citée plus haut.

une théorie étroite. Si l'on a pu dire qu'à certains moments l'Université, trop exclusivement préoccupée des études strictement classiques, perdait de vue cette portion de la société qui se préparait à entrer violemment sur la scène, il n'a pas tenu à M. Rendu qu'une prévision intelligente ne fît taire des plaintes qui annonçaient des crises sociales. Dès son entrée au conseil, nous l'avons dit, l'enseignement professionnel fut l'objet de ses soins. C'est lui qui, en 1821, écrivait ces lignes [1] :

« De nouveaux besoins se manifestent relativement à l'instruction de la jeunesse, et méritent toute l'attention du corps chargé de diriger l'enseignement.

« En même temps que l'instruction primaire se propage et s'améliore, que l'instruction supérieure s'étend aussi et se complète, une classe nombreuse de la société forme des vœux et redouble ses efforts pour obtenir un genre d'enseignement qui, plus étendu que celui des petites écoles, moins vague et plus déterminé que ce que lui offriraient les collèges, corresponde mieux à ses besoins réels, à ses habitudes et à ses calculs.

« Il est vrai de dire que pour le très-grand nombre des hommes que leur goût personnel, l'état de leur père, les habitudes du pays destinent à des professions industrielles et manufacturières, les besoins réels et les vœux légitimes ne sont pas satisfaits. D'une part les petites écoles, même celles du premier degré, donnent un enseignement qui demeure étranger à une foule de connaissances nécessaires ou utiles : d'autre part les collèges entretiennent les esprits et remplissent les imaginations d'idées qui ne sauraient devenir générales, sans devenir dangereuses par leur universalité même, si voisines elles sont de tout ce qui flatte l'orgueil et irrite les ambitions.

« Des connaissances positives, incessamment applicables, propres à étendre le domaine des arts, du commerce et des manufactures, épargneraient à beaucoup de jeunes gens les fautes ou les entraînements, soit des études disproportionnées et sans but, soit de la vie oisive et frivole dans laquelle ils se plongent faute de mieux.

« L'ordre social est intéressé à ce que toutes les classes et toutes les conditions honnêtes aient à leur portée ce qui leur convient davantage. »

On n'a rien dit de plus sensé, on n'a pas signalé avec plus de justesse les lacunes du système d'enseignement, lorsque plus tard on a tenté d'en opérer la réforme :

« Dès que l'harmonie aura été établie, poursuivait M. Rendu, entre l'enseignement donné à l'enfance et la destination probable de l'âge plus avancé, dès que chacun aura trouvé précisément l'espèce et le degré d'instruction dont il a besoin pour le présent et pour l'avenir, on doit s'attendre à un double résultat, qui sera précieux pour les hautes écoles. On verra les classes des collèges moins surchargées de bouches inutiles, gagner en force et en ardeur ce qu'elles per-

1. *Système d'instruction approprié aux besoins des classes de la société qui se livrent aux professions industrielles et manufacturières.* — Broch. in-8. — 1821.

dront en nombre ; on verra de même les cours des Facultés se débarrasser d'une foule importune et turbulente, pour ne recevoir désormais que des jeunes hommes sérieusement occupés d'études. »

Toutes les améliorations essayées à une époque récente, avec plus ou moins de mesure et de bonheur, sont en germe dans ces paroles. M. Rendu ne se contenta pas de parler : il mit résolûment la main à l'œuvre. Par ses soins une *Institution commerciale pour former des négociants et des gens d'affaires* fut autorisée à Limoges ; un cours de *théorie et de pratique commerciales* s'ouvrit à Toulouse ; le Havre obtint une *école de commerce et de langues ;* une *école spéciale* fut établie à Marseille ; et Mulhouse préluda par la fondation d'un cours de *sciences physiques et d'arts* à l'établissement de la grande *école professionnelle,* aujourd'hui si florissante.

D'après le plan conçu par le sage conseiller, de telles fondations eussent été généralisées, et chacune des académies eût été mise en possession d'écoles *secondaires spéciales.* Le conseil municipal de toute ville importante devait être invité à faire connaître au préfet du département s'il désirait qu'il fût établi dans la commune une de ces écoles secondaires. Des encouragements particuliers eussent été donnés aux études professionnelles ; et tous les ans les recteurs auraient fait connaître au conseil royal les noms des deux élèves qui, dans chaque école secondaire spéciale, se seraient le plus distingués. Enfin des bourses auraient été créées dans ces écoles, à l'instar de celles qui avaient été instituées dans les lycées.

Si ce plan très-complet ne fut pas réalisé dans son ensemble ; si, nous ne savons par quels obstacles, ces propositions ne purent être converties en ordonnance royale, du moins M. Rendu s'efforça-t-il de rattacher l'application de sa pensée au développement de l'instruction primaire elle-même. Dans plusieurs villes, des écoles où les études étaient étendues au delà du cercle des premières et plus simples notions, furent provoquées à satisfaire, par un enseignement spécial, des besoins sérieusement constatés. Ces germes ne furent pas fécondés dès l'abord, autant qu'ils pouvaient et devaient l'être, mais ils restèrent déposés dans le sol ; et quand un pouvoir hautement favorable à la diffusion de l'instruction au sein des masses entreprit de donner à l'enseignement populaire une impulsion décisive, l'existence des *écoles primaires supé-*

rieures reçut naturellement de la loi une consécration éclatante. De 1833 à 1842, des cours d'études primaires supérieures furent établis, d'après les rapports de M. Rendu, dans près de cent communes.

En 1850, l'inquiétude des esprits détermina des attaques très-vives contre ce genre d'enseignement; il fut de mode de dénoncer les écoles primaires supérieures comme des foyers de *socialisme* : attaques aussi peu réfléchies qu'elles étaient ardentes! Il est, en effet, conforme à la nature des choses de distinguer deux degrés dans l'enseignement primaire. Quoi qu'on pense, et quoi qu'on veuille, on ne fera jamais que les instincts des populations agglomérées dans les villes, que les besoins des ouvriers appelés à prendre part au mouvement compliqué d'une civilisation industrielle soient les mêmes que ceux des générations vouées aux tranquilles travaux et aux régulières entreprises d'exploitations rurales. A des exigences distinctes, il faut donc donner des satisfactions distinctes. Le péril naît précisément des désirs légitimes méconnus; et le rôle de la loi est, non pas sans doute de provoquer la naissance de nouvelles forces sociales, mais de reconnaître en les modérant, et de diriger, sans les combattre, celles dont le progrès ou du moins le développement naturel d'un siècle a suscité l'avénement.

Le premier élément de succès de tout système d'enseignement, c'est la formation de bons maîtres. Dès 1816, M. Rendu, aidé dans cette circonstance par son frère aîné, le baron Rendu, alors maître des requêtes et secrétaire général de la préfecture de la Seine, faisait adopter, par la ville de Paris, l'école normale élémentaire fondée rue Saint-Jean-de-Beauvais, au mois de juin 1815; l'année suivante, vingt maîtres et vingt maîtresses allaient diriger les écoles que la bienfaisance de personnes considérables s'appliquait alors à créer sur divers points de la France [1].

---

1. Écoles fondées à Châtillon-sur-Seine par le duc de Raguse; à Montmirail, par le duc de Doudeauville, etc. A Paris, des fondations de ce genre avaient pour auteurs MM. de Greffulhe, de Praslin, Mme de Lavoisier, Mme la duchesse de Duras. Le préfet de police secondait par son action les efforts de la bienfaisance. On lit dans une note officielle de cette époque : « Le préfet de police, qui encourage toutes ces mesures, s'est servi avec succès du ministère de ses agents pour diriger sur les écoles les enfants vagabonds dont la multitude est à la fois un fléau et une honte pour la société qui les tolère. »

M. Rendu avait mis la main à l'œuvre dès 1811 à la fondation de l'école normale de Strasbourg; en 1815, il faisait placer celle de Rouen sous la direction des Frères; en 1820, deux autres institutions de ce genre furent créées par ses soins à Helfedange et à Bar-le-Duc, pour les académies de Metz et de Nancy.

On a beaucoup attaqué les écoles normales, et l'homme de bien qui a le plus contribué à les établir en France n'a pas échappé aux reproches d'un certain parti. Aujourd'hui encore on recueille çà et là les échos de ces vieilles polémiques : « Autrefois, dit-on, ni l'État ni la société ne mettaient en mouvement tant de rouages pour faire marcher une école. Un vieux domestique sachant lire, écrire, chiffrer ; un ancien soldat, le bedeau de la paroisse, etc., étaient les *magisters* naturels. On avait le *maître d'école* et le peuple était religieux. On a maintenant l'*instituteur*, et le peuple est impie. » Voilà, dans son expression concise, une familière et persévérante objection[1].

La réponse est facile : on prend ici l'effet pour la cause. Ce n'est point le *maître d'école* qui faisait le peuple *bon; mais* quand le peuple était bon, le *maître d'école* suffisait à la tâche. C'est depuis que le peuple est *mauvais,* que le maître d'école est impuissant, et qu'il faut créer l'*instituteur*.

En d'autres termes, l'importance de l'école est en raison inverse de la *puissance éducative* développée dans la famille. Quand la famille conserve, pour le communiquer à l'enfant, le dépôt des traditions morales et religieuses, le rôle de l'école est secondaire. Quand il faut suppléer l'influence du foyer domestique, plus encore la combattre, le rôle de l'école grandit dans la proportion où celui de la famille s'abaisse ; et le problème devient celui-ci : trouver des hommes qui puissent, au nom de la société, donner à l'enfant ce que la famille ne peut pas, ne sait pas, ou ne veut pas lui donner ; assez pénétrés de la pensée religieuse pour comprendre la sainteté d'une telle tâche, assez dévoués pour l'entreprendre, assez intelligents pour l'accomplir.

---

1. On comprend que nous ne traitons pas ici la question dans ses développements. On nous permettrait, si l'on demandait une discussion plus étendue, de renvoyer à notre *Commentaire de la loi de* 1850, p. 237 et suiv., et à nos études sur l'instruction primaire en Angleterre et en Allemagne.

Tant qu'on n'a pas trouvé ces hommes, la régénération morale des masses n'est pas même commencée : on ne possède pas d'*instituteurs.* Or de tels hommes ne se *trouvent* ; ils *se forment.*

Voilà, selon nous, les vrais principes, et la raison logique de la nécessité des écoles normales.

Telles étaient aussi les convictions de M. Rendu. C'est pourquoi, tout en luttant contre les abus qui pouvaient se glisser assurément et qui se sont glissés, en effet, dans la conduite des écoles normales, il ne cessa de travailler à l'affermissement et au développement de l'institution. Sous l'administration de M. de Vatimesnil, le vigilant conseiller profita des dispositions éclairées du ministre, pour rappeler aux recteurs l'exécution de l'article 39 de l'ordonnance de 1816, et pour leur recommander la fondation d'écoles normales. Deux circulaires (19 août et 22 décembre 1828) furent rédigées par lui dans ce but. « Les établissements dont il s'agit, disait-il aux recteurs, existent déjà dans quelques académies ; ils y rendent les plus importants services, en procurant aux communes des instituteurs pénétrés de l'esprit de leur état, suffisamment instruits, et familiarisés avec l'emploi des meilleures méthodes d'enseignement. » Et il excitait les chefs des académies à n'épargner aucun effort pour propager une institution dont l'enseignement populaire ne pouvait se passer.

Ces recommandations ne furent pas stériles ; de nouvelles écoles normales furent organisées dans l'année même ; deux années après, une ordonnance (14 février 1830) prescrivait d'en établir *une au moins* par académie ; et au moment où la loi de 1833 fit de ces écoles une institution générale et obligatoire, la France en comptait déjà quarante-sept.

Les écoles normales comme l'Université elle-même eurent, en plusieurs circonstances, dans M. Rendu, un défenseur infatigable. M. Rendu était de ceux qui ne reculent jamais devant une responsabilité. En 1838, il exposait dans ses *Considérations sur les écoles normales* les conditions auxquelles ces établissements produiraient tous leurs fruits. En 1849, quand l'esprit de parti, accumulant les exagérations et les invectives, fit appel à la passion pour tenter de renverser une institution qu'on attaquait sans la connaître, M. Rendu

reparut sur la brèche, et publia une seconde édition de son ouvrage

Me, me adsum qui feci....

La pensée qu'il allait voir des établissements élevés à grand'-
peine, et sans lesquels il ne concevait pas un système sérieux
d'enseignement populaire, soudainement renversés sous un vote in-
compétent, et par un coup de parti ; que les vainqueurs ne sauraient que faire de leur victoire ; et qu'il ne sortirait rien des ruines
dont une fois de plus on allait couvrir le sol, cette pensée donnait
à M. Rendu plus d'émotion que, dans sa sagesse, il n'avait coutume d'en ressentir :

« Que veulent-ils donc ? disait-il à ses amis avec une sorte d'indignation ; les écoles normales détruites, que mettront-ils à la
place ? Car enfin, si l'on veut conserver des écoles, où prendra-
t-on des maîtres ? Chez les Frères ? Je le veux bien ; on sait si
j'aime les Frères. Mais encore, quand les Frères des divers ordres
auront 3000 écoles, ce sera déjà beaucoup ; or nous avons 40 000 communes ! D'ailleurs, en tout état de choses, il nous faut des laïques,
et beaucoup. Laissez, par impossible, les ordres enseignants sans
concurrence, et vous verrez la décadence arriver à grands pas.
Vous prendrez donc les premiers venus, les incapables et les nau-
fragés de toutes les carrières ? Et c'est là votre idéal ! — On me
parle d'un *stage* que feront les futurs maîtres dans les écoles primaires : utopie ! Ce mode de recrutement est sans avenir[1] ; je ne
donne pas cinq ans pour qu'on en reconnaisse l'impuissance.
Étrange peuple que nous sommes ! Toujours immoler le principe
au nom de l'abus ; n'avoir jamais la patience de corriger et d'étudier des réformes ; renverser aujourd'hui ce qu'on a construit hier,
et briser les instruments au lieu d'apprendre à s'en servir ! »

La seconde édition des *Considérations sur les écoles normales* portait le reflet de ces vives impressions :

« Beaucoup d'hommes sensés, écrivait M. Rendu, pensent que détruire est
un triste remède ; que la société doit autre chose que la destruction à des éta-

---

1. Ce jugement était prophétique. On a relevé des écoles normales dans le petit
nombre des départements où l'on avait essayé le système des stagiaires, notamment
dans la Nièvre et dans le Jura.

blissements utiles qu'elle a organisés à grands frais.... A la veille de la discussion qui va s'élever, nous avons pensé qu'il convenait à notre position, à notre caractère, à nos longs services de défendre contre des attaques passionnées une belle et forte institution qui, mérite assez rare, a traversé avec succès plus d'un quart de siècle, d'exposer des faits qui pourront éclairer les représentants de la France sur les avantages et sur les défauts de ces établissements.

« Si le sort en était jeté, s'il était vrai que les écoles normales fussent destinées à périr, du moins il ne tiendra pas à nous que la vérité n'ait apparu à nos législateurs, et qu'on ne sache ce que l'on brise. »

Le bon sens public vint en aide à M. Rendu pour empêcher l'accomplissement de projets destructeurs. Au lieu de supprimer *a priori* les écoles normales, la loi de 1850 se borna à donner aux conseils généraux la faculté de prononcer cette suppression [1]. Cinq conseils seulement, sous la pression des circonstances, usèrent du droit dont ils étaient investis. Trois d'entre eux sont revenus sur leur décision. Sortie victorieuse d'une crise redoutable, l'institution dont M. Rendu a si fortement contribué à doter la France est désormais inséparable de notre système d'instruction primaire. Dirigé par l'esprit chrétien, maintenu dans de sages limites, l'enseignement normal continuera d'être parmi nous ce qu'il est en Allemagne et en Angleterre, ce qu'il sera dans tous les pays qui ont véritablement à cœur l'éducation du peuple, la garantie de la prospérité des écoles.

En favorisant de tout son pouvoir le recrutement régulier des instituteurs laïques, M. Rendu ne renonçait assurément pas à ces fécondes pépinières de maîtres excellents qu'on appelle les associations religieuses enseignantes. Tant s'en faut! Et, certes, personne en France, on le sait de reste, ne fut dévoué avec plus de persévérance aux divers instituts de Frères qui vinrent successivement, sur les divers points de la France, se consacrer à la régénération intellectuelle et morale du peuple. Ce que voulait M. Rendu, ce qu'il poursuivait de toute l'énergie de ses convictions, c'était le progrès moral des classes laborieuses par la rivalité féconde

1. M. de Parieu, alors ministre de l'instruction publique, apporta dans la discussion de la question des écoles normales cet esprit d'équitable impartialité qui éclaire toujours, chez lui, l'étude approfondie des faits et les inspirations de la conscience. Il produisit à la tribune ce renseignement significatif que depuis 1833 la proportion des instituteurs qui avaient encouru des peines disciplinaires était de 13/100 pour ceux qui n'avaient point passé par les écoles normales, tandis que pour les anciens élèves de ces écoles, elle n'était que de 7/100.

des deux ordres d'instituteurs. L'extrait qui suit d'une note rédigée par lui en 1845 fera connaître à cet égard sa pensée tout entière. La reconnaissance légale d'un institut religieux venait de rencontrer des obstacles au sein du conseil. M. Rendu, cet ardent propagateur des écoles normales laïques, adressa au ministre de l'instruction publique les observations qu'on va lire :

« .... J'ai hautement et constamment fait profession de croire qu'une société qui comprend les besoins de l'humanité, doit se féliciter de voir se former dans son sein des associations charitables, dont la seule ambition est de pourvoir à ces mêmes besoins. Je dis *Associations charitables* par deux raisons : la première, c'est que la dénomination elle-même exclut toute idée d'associations politiques qui pourraient causer au gouvernement quelque embarras ou quelque ombrage ; la seconde, c'est que, pour remédier aux maux et soulager les misères du corps social, je ne connais rien d'efficace et de certain, si ce n'est *l'amour des hommes allumé au flambeau de l'amour de Dieu.*

« Tout rempli de ces idées, et spécialement chargé, par l'ordonnance royale qui a donné au conseil de l'instruction publique sa forme actuelle, de ce qui concerne l'instruction primaire, j'ai, en tout ce qui a dépendu de moi, et dans les limites de mes fonctions de conseiller, activement contribué à rédiger et à proposer les diverses ordonnances, en vertu desquelles les dix à douze associations charitables, aujourd'hui existantes, desservent nos écoles primaires, conjointement avec les écoles normales et les instituteurs venus d'ailleurs.

« Il convient de remarquer que, dans toutes ces ordonnances, une disposition expresse a voulu confier au conseil royal le soin et la mission de recevoir les dons et legs qui seraient faits aux différentes associations, à la charge de faire jouir desdits legs et donations l'association donataire et ses diverses écoles, clause qui assurait d'autant plus l'exercice du droit de surveillance appartenant à l'Université, au nom de l'État, sur tous les établissements de cette nature.

« Le gouvernement royal, sous la restauration, a, sans hésitation aucune, sans réclamation quelconque, usé de ce droit imprescriptible d'autorisation et de reconnaissance légale, soit avant, soit après la loi du 24 mai 1825, qui, en effet, n'a point eu pour objet de régler ces simples associations, de statuer sur de simples établissements d'utilité publique. Tout cela est resté dans le domaine des ordonnances, et la haute sagesse de l'administration supérieure a suffi pour décider ces sortes de questions.

« Je ne puis admettre qu'un droit éminemment utile et bienfaisant, exercé, je le répète, sans réclamation et sans conteste pendant dix années consécutives, exercé pour des associations charitables, comme pour des sociétés d'instruction élémentaire, catholiques ou protestantes, purement laïques, ait péri sous le gouvernement actuel, sous l'influence d'une révolution qui a fait appel à tous les efforts, à tous les dévouements pour la diffusion de l'instruction primaire ; qui, tout en comprimant les associations coupables, a voulu encourager plus que jamais les efforts collectifs, les élans généreux, et ouvrir, abondantes et nombreuses, les sources d'un enseignement régénérateur.

« On a objecté qu'il y *aurait une concurrence de plus en face de nos écoles normales.* Le rouge me monte au front, quand je vois que, dans une lice ouverte par la loi à tous les courages, on redoute la concurrence. »

C'est en se plaçant à ce point de vue élevé que M. Rendu, dans une circonstance critique, défendit, devant le conseil d'État, l'existence légale des Frères des écoles chrétiennes [1], et qu'il écrivit le livre consacré à l'exposé des règles et des œuvres de leur institut [2]; c'est également dans cette pensée qu'il favorisa de tout son pouvoir l'institut des Frères de l'instruction chrétienne fondé en 1822, par le frère de l'auteur de l'*Essai sur l'indifférence*, l'abbé J. M. de Lamennais. Cet institut fut, pendant vingt années, l'instrument le plus efficace, ou, pour mieux dire, le seul instrument de l'éducation du peuple, dans les départements de l'ancienne Bretagne. En 1839, l'abbé de Lamennais, rendant compte à M. Rendu de la situation de son œuvre, lui disait :

« La maison principale se compose d'environ cent trente Frères, y compris les novices et les Frères de travail. Tous les Frères s'y réunissent au mois d'août, au nombre de quatre cents, pour y faire en commun une retraite, pour y rendre leurs comptes et y renouveler leurs engagements, lesquels sont plus ou moins longs, suivant leurs dispositions et leur volonté.

« Nous avons des ateliers de serrurerie, de charronnage, de menuiserie, de cordonnerie, etc., etc.; nos ouvriers sont habiles et capables d'en former d'autres; nous recevons en pension quelques jeunes gens à qui nous donnons un état, et qui, en sortant de cette espèce d'école d'art, gagnent plus que ceux qui font ailleurs leur apprentissage, parce qu'ils sont plus instruits. Je voudrais qu'il me fût possible de développer, en grand, une œuvre si utile; mais je manque de ressources.

« Nous dirigeons en Bretagne cent soixante-quatorze écoles d'un ou de plusieurs Frères. Nous fournissons en outre des Frères pour les colonies; si, comme tout l'annonce, le gouvernement me seconde d'une manière efficace, les Frères assureront un bien incalculable dans ces contrées lointaines où jusqu'ici l'éducation a été si négligée. »

1. *Un mot*, et *Un second mot sur les Frères des écoles chrétiennes.*
2. *De l'Association charitable des Frères des écoles chrétiennes*; vol. in-8. Comme témoignage de la reconnaissance des Frères pour M. Rendu, reconnaissance qui s'est manifestée d'une manière touchante lors de la mort de leur vénérable protecteur, je citerai cette lettre du Frère Philippe, supérieur général.

20 juin 1846.

« Monsieur le conseiller,

« En reconnaissance de l'intérêt tout spécial que vous daignez porter à notre institut et des services immenses que vous lui avez rendus, j'ai l'honneur de vous informer que nous inscrivons votre nom et les noms de vos enfants au catalogue de ceux qui, pendant leur vie et après leur mort, doivent avoir part à toutes les prières et bonnes œuvres qui se font dans notredit institut.

« Permettez qu'en témoignage de cette assurance j'aie l'honneur de me dire, avec un très-profond respect, monsieur le conseiller,

« Votre très-humble et très-obéissant serviteur,

« Frère PHILIPPE. »

Et M. Rendu répondait :

« Comptez sur moi; je sais quel bien font vos Frères, et comment ils occupent dans beaucoup de villages de votre chère Bretagne des postes que d'autres maîtres ne pourraient accepter. Ils y sont les pionniers de l'enseignement, et votre fondation est bien véritablement un fruit du terroir : ce sont les bons.

« L'année dernière, dans mon excursion trop rapide[1], j'ai vu par moi-même ce qu'il faut d'abnégation religieuse pour se faire maître d'école dans certains villages *pittoresques* (que ce mot est commode!) des côtes du Nord ou du Finisterre : on n'y a pas grand'chose à envier à la Thébaïde. Multipliez les saint Antoine; vous avez pour cela deux armes toutes-puissantes : le courage et la prière.

« *Et vale et ama et ora.* »

Le troisième point sur lequel, nous l'avons dit, se porta particulièrement l'attention de M. Rendu, est l'organisation d'un système régulier de surveillance des écoles. En effet, le véritable gouvernement de l'enseignement primaire, c'est l'inspection. Sans l'inspection, vous pouvez rencontrer de brillants résultats partiels dus à des circonstances passagères, vous n'aurez jamais un enseignement populaire assuré. L'Allemagne et l'Angleterre l'ont bien compris.

Dès 1816, M. Rendu, d'accord avec M. Cuvier, avait introduit dans l'ordonnance du 29 février, le principe qui, plus tard, devait recevoir une application complète : les membres des comités locaux avaient été chargés de visiter les écoles au moins une fois par mois. Quand la ferveur première des comités s'était ralentie, M. Rendu avait cherché à remplacer une responsabilité collective par une responsabilité individuelle, et il avait fait statuer par l'ordonnance du 21 avril 1828 que les comités désigneraient des inspecteurs gratuits à qui il appartiendrait de présenter des rapports sur la situation de l'enseignement. On le voit, la surveillance dont il s'agit était purement bénévole et locale. Or la surveillance bénévole n'a ni la fermeté ni la régularité nécessaires; et la surveillance locale est impuissante à relier entre eux les rouages divers de l'administration, impuissante aussi à comparer les résultats et à seconder la réalisation de vues générales. L'expérience ne tarda pas à démontrer à M. Rendu l'insuffisance de ce premier essai. Il la sentait très-vivement. Je lis dans une

---

1. M. Rendu avait été chargé, en 1838, de présider à l'inauguration de la Faculté des lettres de Rennes.

note datée du 20 mai 1832, note qui sans doute était destinée à devenir l'exposé des motifs de quelque ordonnance sur la matière :

« Nous savons mal ce que deviennent nos instituteurs et nos écoles. Dans les premiers moments, les *comités* ont montré du zèle, et l'on pouvait espérer que le simple désir de réaliser beaucoup de bien suffirait à stimuler l'activité des hommes honorables qui les composent. Mais c'était trop compter sur l'esprit de dévouement et d'initiative individuelle ; beaucoup de *comités* sont tout à fait inertes, et ceux qui fonctionnent se montrent assez peu empressés de seconder l'action des pouvoirs publics. Dans une foule de circonstances cela leur est d'ailleurs impossible. Évidemment il nous manque un rouage : il nous faut une inspection régulière, officielle et salariée, à qui l'on puisse commander, et de qui on ait *droit* de tout exiger. Nécessité de cette création. Il y va de l'avenir de l'enseignement primaire. »

Lorsqu'en 1835, M. Guizot institua l'inspection des écoles, l'un des vœux les plus ardents de M. Rendu se trouvait donc exaucé ; et ce fut sur le rapport de l'honorable conseiller que l'arrêté du conseil royal en date du 27 février 1835 régla les attributions et les fonctions des inspecteurs primaires. Bientôt un nouveau pas fut fait dans la voie où l'on était entré : un ou deux sous-inspecteurs furent adjoints (ordonnance du 13 novembre 1837) à chaque inspecteur départemental ; et M. Rendu compléta son œuvre en acceptant la tâche délicate de présenter lui-même au ministre les candidats qui paraissaient le plus aptes, au double point de vue des intérêts religieux et pédagogiques, à remplir dignement les fonctions nouvelles.

Ainsi, M. Rendu fit pour l'inspection des écoles primaires ce qu'il avait fait pour l'institution des écoles normales : et l'on connaît la main qui a posé les assises sur lesquelles reposent ces deux colonnes où s'appuie tout l'édifice de l'éducation populaire.

La composition et la direction du nombreux personnel de l'instruction primaire n'était qu'une des parties du vaste service administratif dont M. Rendu se trouva chargé après la promulgation de la loi du 28 juin 1833. M. Guizot a retracé d'une manière générale la part que prirent les membres du conseil royal de l'instruction publique à l'élaboration de cette loi célèbre : « J'avais autour de moi, dit-il, dans le conseil, toutes les lumières et tout l'appui que je pouvais souhaiter. Investis dans les lettres, dans les sciences, dans le monde, de cette autorité librement acceptée que donnent le talent supérieur et la longue expérience, les membres de ce conseil étaient de plus mes confrères et mes amis. Nous vivions dans une grande et naturelle intimité. Quelle que fût la diversité de nos études et de nos travaux, nous avions tous, quant à l'instruction populaire, les mêmes idées et les mêmes désirs. M. Villemain et M. Cousin, M. Poisson et M. Thénard, M. Gueneau de Mussy et M. Rendu portaient au projet de loi que nous préparions ensemble presque autant d'intérêt que moi.... Je doute que les questions aient jamais été plus sérieusement débattues qu'elles ne le furent dans notre conseil intérieur avant la présentation du projet de loi. »

Je ne veux point rechercher ici quelle fut la part spéciale de M. Rendu dans cette élaboration collective. Ce qu'il avait accompli depuis 1816, pour l'instruction primaire, permet suffisamment de s'en faire une idée ; ce que je dirai, c'est que c'est à lui que fut confiée, dans le conseil, la mise en œuvre de la législation nouvelle. Or, pour une telle tâche, il ne suffisait pas de s'occuper des affaires du personnel, de résoudre les questions générales, et de provoquer des arrêtés de principe. M. Rendu comprit autrement la mission qu'il acceptait : pas un détail, si minutieux qu'il fût, n'échappa à son regard. Chaque jour la volumineuse correspondance des recteurs et des préfets, les rapports des autorités académiques passaient entre ses mains. Il lisait toutes ces pièces, les annotait minutieusement, indiquait les mesures à prendre, préparait de sa main les lettres que provoquaient les questions épineuses, traçait le plan des circulaires à rédiger, etc...; en un mot, assumait pour lui-même la besogne pénible et souvent fastidieuse que plus tard tout un personnel d'employés devait parfois trouver pesante. Si beaucoup de bien fut réalisé dans la période difficile de 1833 à 1838, surtout si beaucoup de mal fut empêché, on le doit à celui qui apportait, comme on l'a dit, dans le gouvernement de l'éducation populaire, et la passion que l'on met à une affaire d'intérêt, et le scrupuleux dévouement qu'inspire une vocation religieuse.

La loi de 1833 a été le but d'invectives passionnées, à une époque où inspection et écoles normales, instituteurs et écoles primaires furent tout à coup transformés, dans l'imagination publique, par la légèreté et par la peur, en machines incendiaires et en instruments de révolution. Sans doute, tout n'était point parfait dans la législation dont il s'agit, non plus que dans aucune autre ; mais qu'il est facile à une société de s'en prendre à ses lois au lieu de s'en prendre à elle-même ! et qu'il est doux de dégager sa responsabilité, non point en réformant ses actes, mais en brisant ses institutions !

Au moment où la réaction contre le système de 1833 avait atteint sa plus haute puissance, une loi transitoire (janvier 1850) conféra aux préfets le pouvoir discrétionnaire d'atteindre, dans le corps entier des instituteurs, les *fauteurs du socialisme*. Les préfets usèrent de ce pouvoir, et beaucoup firent du zèle. Sait-on combien d'instituteurs furent frappés dans toute la France ? 611. Ce simple chiffre a raison de bien des phrases et dissipe bien des fantasmagories.

A côté de la législation de 1833 proprement dite, se place naturellement tout ce qui est relatif à l'institution des salles d'asile. Ici encore, et tout spécialement, nous retrouverons l'action directe et persévérante de M. Rendu.

XI

Les salles d'asile. — Ordonnance de 1837. — Véritable caractère des salles d'a-
sile. — M. de Salvandy et M. Rendu. — La *Commission supérieure*. — Présidence
de M. Rendu. — Mme Jules Mallet et Mme Doubet. — Objections contre les salles
d'asile. — Mandement de l'archevêque de Cambrai. — Lettre de M. Rendu à l'archevêque. — Le *Comité central* continue la Commission supérieure. — Lettres de
M. de Quélen. — Recueil de chants pour les écoles.

L'organisation des salles d'asile fut l'œuvre de prédilection de
M. Rendu, dans la dernière période de sa carrière administrative.
Il y porta tout le dévouement dont il était capable, et aussi cette
tendresse d'âme et cette sollicitude chrétienne, qui, alors surtout
qu'il s'agissait de l'éducation de l'enfance, imprimaient un caractère particulier à ses paroles et à ses actes.

M. Cochin avait donné corps et vie à la pensée d'Oberlin et de
Mme de Pastoret; et il avait placé l'institution naissante sous le
patronage du conseil des hospices. Un pas restait à faire : « Les
salles d'asile, a écrit M. Augustin Cochin, le digne fils de l'homme
de bien qui dota Paris de la première *salle d'asile modèle*, continuè-
rent d'être plutôt considérés comme des refuges de charité que
comme des établissements d'éducation, jusqu'au moment où elles
trouvèrent dans le conseil de l'Université un ami infatigable,
M. Rendu[1]. »

C'est à partir de ce moment, en effet, que le caractère de l'institution des salles d'asile fut définitivement fixé. L'ordonnance du
22 décembre 1837, qui fut élaborée par M. Rendu, de concert avec
M. Cochin, sous les yeux d'un ministre ardent pour le bien et accessible à toutes les pensées généreuses, M. de Salvandy, trans-
forma les *refuges* de la première enfance en *établissements d'édu-*

---

1. *Notice* sur M. Cochin, dans la 5e édition du *Manuel des salles d'asile*, édition
que M. Aug. Cochin, avec un soin pieux, a mise en harmonie avec la législation
actuelle.

cation : fortifier le corps, développer l'intelligence, diriger la volonté, tel fut le triple but assigné aux salles d'asile ; dès lors, on put voir en elles un puissant moyen de régénération morale, et l'une des plus précieuses créations que l'esprit du christianisme ait inspirées au dix-neuvième siècle.

« Les salles d'asile, écrivait M. Rendu, devront être pour toute l'instruction primaire un élément puissant d'amélioration ; elles sont le fondement sur lequel doivent reposer les écoles plus avancées où l'enfance reçoit le complément de l'éducation. » Cette parole éclairait la marche de l'institution et devait être féconde. Bien entendue et appliquée avec sagesse, elle contenait toute une révolution pédagogique, à savoir la substitution d'une méthode rationnelle née de l'observation et de l'étude de la nature, attrayante par conséquent pour l'enfance, à ces procédés transmis par la routine, conservés par l'incurie, qui, au grand dommage de l'intelligence et pour le plus grand ennui de ces petits martyrs qu'on appelle des élèves, ont régné et règnent encore dans un trop grand nombre de nos écoles. D'après le vœu de M. Rendu, l'esprit de la *méthode maternelle* devait peu à peu monter de la salle d'asile dans les écoles primaires, pour pénétrer de là jusque dans les établissements secondaires. Convaincu que tout consistait, en fait d'éducation, dans l'art de *féconder l'esprit* en *apprenant à apprendre*, il n'avait pas assez d'éloges pour un système qui aboutit à ce résultat de *faire aimer le travail*, où tout ce qui entoure l'enfant devient le point de départ d'une leçon agréable, d'une explication utile, d'une élévation de l'âme vers l'auteur de tout bien. Aussi la vue d'une salle d'asile bien tenue ravissait l'âme facilement émue du vénérable conseiller. « Il n'est pas de spectacle plus agréable à l'œil, a-t-il écrit dans un morceau souvent cité, plus doux au cœur, plus salutaire à l'âme, que celui d'une salle d'asile bien conduite. Tous ces visages si propres et si frais, tous ces regards si animés et si joyeux, tous ces fronts épanouis, toutes ces bouches souriantes, tout ce petit peuple agitant les mains, marquant le pas, répétant de bonnes et douces paroles, de courtes prières, des leçons bien simples, chantant, jouant, s'escrimant à mille petits jeux ; puis, tout à coup, au moindre signal, se taisant, s'asseyant, se levant, marchant ou s'arrêtant, et tout cela sans pleurs, sans fatigue et sans ennui, sous les yeux de femmes qui les aiment, comme les mères savent aimer; c'est quelque chose de ravissant, qui console et enchante pour le présent, et qui projette sur l'avenir un jour délicieux. »

Quand, plus tard, l'administration supérieure de l'instruction publique déclarait que la salle d'asile devait être considérée comme le premier degré de nos établissements d'instruction, et « comme la base de tout notre système d'enseignement primaire[1]; » quand elle émettait le vœu que « cette méthode régulière et rationnelle par laquelle le jugement est exercé, l'intelligence éveillée, le sens moral affermi, toutes les facultés mises en jeu, » passât de la salle d'asile dans l'école[2], elle ne faisait que rester fidèle aux inspirations du rédacteur de l'ordonnance de 1837.

Une certaine analogie de sentiments généreux et de nobles pensées attirait l'un vers l'autre M. de Salvandy et M. Rendu. Chez tous les deux une sorte d'élan du cœur dictait les paroles et inspirait les actes ; le premier comme le second était entraîné par l'ardeur du bien, et disposé à réaliser avec passion ce qu'il avait conçu avec dévouement. Aussi, quand il s'agit de constituer la *Commission supérieure*, que créait l'art. 16 de l'ordonnance de 1837, M. de Salvandy s'empressa-t-il d'en confier la présidence à celui de ses éminents collaborateurs dans l'âme duquel il croyait retrouver ses inspirations intimes et ses propres instincts. M. Rendu accepta une tâche qui lui était douce, et dans l'accomplissement de laquelle il portait, avec une sollicitude touchante pour des intérêts si délicats, cette distinction des antiques manières et cette exquise aménité de langage qui rendaient faciles et agréables les rapports du président avec les femmes du monde appelées à prendre part au développement d'une œuvre d'éducation chrétienne.

Des sentiments de haute estime et d'affection réciproque ne cessèrent d'unir la Commission supérieure et son président à M. de Salvandy. Ces sentiments se manifestèrent dans plus d'une circonstance, après que M. de Salvandy eut quitté les affaires ; et, sous les administrations qui suivirent, la Commission prit plaisir à reporter à l'ancien ministre une large part du bien qu'elle tenait de

1. *Circulaire* du 31 octobre 1854. — 2. *Circulaire* du 16 juin 1855.

lui le pouvoir d'accomplir. Quand elle décida qu'une médaille particulière serait frappée pour être offerte, comme encouragement, aux directrices de salles d'asile, cette assemblée voulut porter publiquement témoignage en l'honneur de celui dont le noble cœur continuait, dans la retraite, à s'associer à ses efforts. Sur la proposition de son président, elle fit présent à M. de Salvandy du modèle en plâtre que venait d'exécuter un artiste de talent, M. Toussaint. Je trouve la lettre suivante écrite à cette occasion par M. de Salvandy à M. Rendu :

« 11 juin 1839.

« Monsieur le Président,

« J'ai reçu avec plus d'émotion que je ne saurais le dire, et la lettre que vous m'avez fait l'honneur de m'écrire, et le précieux souvenir que les dames, membres de la Commission supérieure des salles d'asile, me font la grâce de me destiner. Je transmettrai avec orgueil à mes enfants ce double témoignage de mes efforts pour marquer par un peu de bien mon passage aux affaires, et des récompenses fort supérieures à nos mérites que le bien que nous faisons obtient dès ce monde. Veuillez, monsieur, faire agréer aux dignes protectrices de la belle institution des asiles les expressions profondément senties de ma respectueuse reconnaissance.

« Veuillez aussi en accepter votre part; je vous reconnais, dans ces faveurs accordées aux efforts d'un ministre déchu, comme dans tout le bien que la Commission supérieure fait avec vous à ceux dont Notre-Seigneur a dit : *Sinite ad me venire parvulos.* »

C'était une pensée heureuse que de réunir dans une assemblée où seraient agitées toutes les questions relatives à l'enfance, des femmes à qui leur position dans le monde permettrait de rendre efficace le patronage accordé par elles aux salles d'asile. « Il faut que les femmes aient là plus large part dans la direction de notre œuvre, avait dit M. Rendu à M. de Salvandy, en lui proposant cette création. Là où ne sont point les femmes, il y a quelque chose de froid, de roide, de sec; il y a, en un mot, tout ce qu'on doit bannir du gouvernement des institutions destinées au jeune âge. Que faut-il dans les refuges de l'enfance? De la bonté, de la grâce, et cet esprit de suite tempéré par l'affection, qu'on appelle le dévouement; à qui demandera-t-on tout cela, si ce n'est à des femmes? Mettons donc au sommet de l'institution ce que nous désirons retrouver à sa base. »

M. Rendu dirigea, depuis l'origine jusqu'en 1850, les travaux de la Commission supérieure; et, pendant ces treize années, toutes les questions qui intéressent le développement des salles d'asile furent successivement débattues, avec quelle intelligence pieuse de l'institution et quel amour éclairé du bien, les noms des dames qui composaient la Commission le disent assez. Beaucoup de ces noms sont encore aujourd'hui prononcés avec reconnaissance, et nous prenons plaisir à les rappeler ici. Ce sont ceux de Mmes de Pastoret, de Bondy, Caussin de Perceval, Danloux-Dumesnil, de Bar, Delessert, Guerbois, Hanryat, Chevreau-Lemercier, Millet, Jules Pettit, Soulacroix.

Deux noms surtout sont restés gravés dans le souvenir des amis des salles d'asile, ceux de deux femmes en qui le dévouement le plus pratique aux intérêts de l'institution s'alliait aux dons les plus élevés de l'esprit et aux plus rares qualités du cœur; de deux femmes qu'un même sentiment de vertu chrétienne attacha aux mêmes devoirs et enchaîna aux mêmes labeurs : l'une, qui, au sein même d'une communion dissidente, mérita l'amitié et conquit l'admiration de la sœur Rosalie, Mme Jules Mallet; l'autre, qui mit sans réserve au service des salles d'asile les nobles facultés qu'elle tenait de son père; qui défendit l'institution de sa plume[1] comme elle la servit par ses actes; et dont notre voix fraternelle ne rappelle pas sans une douloureuse émotion la vaillante carrière tout à coup brisée par la mort, Mme Doubet.

Il ne suffisait pas de résoudre, au sein de la Commission supérieure, les mille questions soulevées par l'organisation et le développement des salles d'asile; il fallait gagner leur cause devant l'opinion; car, — et malheur aux institutions que la lutte n'éprouve point! — les salles d'asile eurent le privilége de tout ce qui est bon et destiné à vivre : elles trouvèrent des ennemis. « Quoi! disait-on, réunir des centaines de marmots qui ne pourront que crier et pleurer! Mieux vaut les laisser se traîner deux à deux dans les taudis paternels, que de grouper toutes ces misères. Nous nions que l'éducation puisse sortir de ce pêle-mêle. » — « Et, d'ailleurs, continuaient certaines voix, ne vous arrêterez-vous pas devant le péril d'arracher dès le jeune âge les enfants à la famille ?

---

1. Tous les amis de l'institution connaissent le charmant petit livre *Histoire d'une salle d'asile*. L'auteur y a prodigué les grâces de son esprit, en y semant les conseils du bon sens : c'est Mme de Sévigné devenue administrateur.

En lui enlevant les enfants de si bonne heure, ne l'ébranlez-vous pas dans sa base? Quelle est la mission des mères, si ce n'est de soigner elles-mêmes leurs petits enfants, et d'être leur providence, le jour aussi bien que la nuit? »

Dix ans après la fondation de la Commission supérieure, ces objections touchaient encore un certain nombre d'esprits incertains; on doutait, on hésitait, on s'arrêtait en chemin. L'institution restait en souffrance. M. Rendu, en stratégiste habile, comprit que la réponse victorieuse serait celle qui viendrait de l'autorité même dont on avait cherché à exciter les défiances, de l'autorité ecclésiastique. Il était en relations particulières, et en complète communauté d'idées avec un membre éminent de l'épiscopat, un prélat qui avait le cœur de saint Vincent de Paul et l'esprit de Fénelon, Mgr Giraud, archevêque de Cambrai. Il sollicita de lui un acte qui pût fermer la bouche aux adversaires de bonne foi, et constater publiquement une adhésion dont on s'obstinait à méconnaître le caractère. Telle fut l'origine du mandement célèbre que les amis des salles d'asile n'ont pas cessé d'opposer à des insinuations renouvelées de temps à autre, et qui marque une date décisive dans l'histoire des salles d'asile en France.

L'archevêque de Cambrai répondit avec une grande intelligence du sujet aux attaques que l'esprit de dénigrement et la légèreté avaient dirigées contre les salles d'asile. L'éloquent prélat commençait par en donner cette définition qu'il est utile encore de rappeler aujourd'hui :

« L'asile, disait-il, est le supplément de la sollicitude maternelle, lorsque cette sollicitude ne peut s'exercer avec profit pour l'enfant, et sans préjudice pour la famille. Le but est de recueillir le premier âge, pour le préserver des dangers de l'isolement, de s'emparer de ses facultés, à mesure qu'elles éclosent, de sa mémoire, de son imagination, de son esprit, de son âme tout entière, pour la remplir de saintes images, de vérités édifiantes, d'idées morales, de sentiments vertueux, de pures et douces affections. Là l'instruction lui est distribuée goutte à goutte ; là, dans des leçons accommodées à sa faiblesse et entremêlées de chants et d'évolutions variées qui tiennent en éveil son attention, sans le fatiguer, l'enfant apprend, presque sans s'en douter, et comme en se jouant, les éléments de la religion, les rudiments de la langue, les premières notions de l'histoire, de la géographie, de la numération ; et grâce à la vigilance qui préside à la bonne tenue et au bien-être de ces douces créatures, vous voyez briller sur leurs visages ouverts et riants, un air de santé et de bonheur qui est comme le reflet des joies de leur âme. Voilà ce que c'est que l'asile; le définir, c'est en faire l'apologie. »

Puis abordant l'objection tirée de la crainte de voir affaiblir la famille :

« Sans doute, continuait le prélat, il n'est point d'éducation meilleure que l'éducation maternelle; sans doute, si toutes les mères étaient chrétiennes, et si toutes pouvaient être véritablement mères, je veux dire acquitter toutes les obligations attachées à ce beau titre, il ne faudrait pas songer à leur substituer des mères d'adoption, pas plus qu'il ne serait besoin de nourrir le nouveau-né d'un lait étranger, si tous pouvaient s'abreuver au sein maternel.... Mais, d'une part, les mœurs domestiques se sont altérées, en même temps que s'est relâché le frein religieux: l'intérieur de la famille trop souvent n'est plus une école de vertu. L'industrie a créé des populations nouvelles dont l'existence se poursuit dans une alternative de bien-être et de misère, à qui l'abondance de la veille ne fait point prévoir la détresse du lendemain, et qui désertent la table et le foyer de la famille pour demander des distractions à ces tables et à ces foyers d'emprunt, dont le nombre s'est accru et s'accroît chaque jour dans les villes et dans les campagnes, dans une proportion lamentable. D'un autre côté, les progrès de la population, le haut prix des denrées, la modicité relative des salaires, la nécessité de pourvoir non-seulement aux premiers besoins de la vie, mais aux jouissances d'un luxe qui a gagné toutes les classes, ont appelé toutes les forces au travail, à un travail incessant, excessif, dévorant, qui ne recule pas plus devant les bornes posées par la nature que devant les barrières posées par la religion.... Quand la nature est détournée de ses fins par de dures nécessités, ou qu'elle s'est dépravée elle-même par l'ignorance et l'oubli des principes qui en consacrent et en perfectionnent les sentiments, quoi de plus juste que la société vienne en aide et la supplée et la remplace même au besoin? Voilà ce que fait l'asile. Sans interdire à l'amour maternel les épanchements et les consolations dont il peut toujours jouir dans les intervalles des réunions et des exercices, la salle hospitalière reçoit et l'enfant de la mère accablée sous le poids des travaux, et celui de la mère incapable de former son esprit et son cœur. »

L'effet de ce mandement fut considérable[1]. Il conquit, pour les salles d'asile, la protection du clergé et l'adhésion des associations religieuses de femmes. Or, on ne peut trop le redire, l'enseigne-

---

1. L'archevêque de Cambrai ajoutait : « Puissent donc ces précieux établissements se multiplier de plus en plus, puissent-ils devenir un jour aussi nombreux que nos paroisses! Nous estimons sans doute les écoles, mais nous leur préférons les salles d'asile, et dans la nécessité de faire un choix, faute de ressources suffisantes pour faire face aux frais des deux fondations, nous n'hésiterions pas à nous prononcer pour l'asile, en attendant l'école, comme on pose d'abord une première pierre avant d'élever l'édifice. Nous estimons les écoles, mais l'école sans l'asile qui lui sert de préparation et de vestibule, ne répondra jamais qu'imparfaitement à sa destination. Nous estimons les écoles, mais dans l'intérêt même de leurs succès, nous voudrions voir un asile uni à chacune d'elles comme son annexe et son appendice indispensable. Des asiles donc, N. T. C. F., des asiles dans les villes et dans les campagnes, des asiles pour les enfants des pauvres, des asiles même pour les enfants des riches! Le superflu de ceux-ci couvrant l'insuffisance de ceux-là. Nous en avons des exemples, au sein même de notre diocèse. Les premiers efforts dirigés vers ce but l'ont été avec assez de bonheur pour ne pas décourager l'émulation, et nous savons qu'au milieu des embarras du monde, ou des soins du négoce, il est plus d'une mère qui, chargée d'une

ment primaire a pour condition première de sa prospérité et de son développement normal, l'appui sincère et sans arrière-pensée de l'autorité religieuse. N'ayez point le concours, le concours sympathique du curé, vous aurez la défiance d'une partie de la commune et bientôt l'hostilité contre le maître, c'est-à-dire la lutte des influences morales et l'anarchie des pouvoirs : triste exemple pour les masses, et menace redoutable pour la paix sociale! Les salles d'asile, tout particulièrement, profitèrent de cette adhésion de l'autorité religieuse aux principes qui les avaient créées et qui les soutenaient. M. Rendu s'en félicitait, en 1847, dans une lettre à l'archevêque de Cambrai :

« .... Merci de nouveau, monseigneur, de tout le bien que vous avez fait à

nombreuse famille, s'estimerait heureuse de partager avec des auxiliaires sûrs et fidèles une vigilance dont elle ne peut à elle seule remplir tous les devoirs.

« Et qu'on ne dise pas que ce vœu de voir s'étendre et se généraliser l'institution des salles d'asile, est une vaine utopie, un beau rêve impossible à réaliser. Il se réalisera si toutes les influences, toutes les volontés, tous les dévouements y prêtent leurs concours. Concours du clergé. Nous comptons sur le vôtre, Nos Très Chers Coopérateurs, en faveur d'une œuvre qui vous offre, en ces jours mauvais, la plus douce et presque l'unique consolation de votre ministère. Hélas ! vous le savez, vous ne pouvez guère en attendre de la génération qui vieillit et s'éteint dans une mortelle indifférence, triste fruit des principes qui prévalaient à l'époque où elle fit son entrée dans le monde. La plupart des hommes mûrs que dominent exclusivement l'ardente passion de l'or et l'attrait d'un sensualisme opulent, chrétiens par le baptême, n'en sont pas moins, par leur foi et par leurs œuvres, étrangers à nos dogmes, à nos sacrements, à nos observances et aux cérémonies de notre culte qu'ils peuvent l'être à la théogonie des Indous ou aux formules liturgiques du Grand Lama. La jeunesse n'attend plus même son initiation à nos mystères les plus saints pour échapper à notre sollicitude. Ah! sauvons du moins les petits enfants ! Qu'il y ait du moins un âge dans la vie où Dieu soit connu, aimé, béni par sa créature! Concours de ce sexe auquel l'Église dans ses prières ne donne pas en vain le beau titre de *sexe dévoué* parce qu'il possède en effet des trésors de sensibilité pour toutes les souffrances. Femmes chrétiennes qui comprenez si bien, qui goûtez si délicieusement le bonheur d'être mères, vous refuseriez-vous la jouissance de l'être une fois de plus en adoptant l'orphelin, l'enfant de la pauvre veuve qui vous demandent de les couvrir de votre doux et bienveillant patronage? Concours des administrations locales. Pour s'éclairer sur l'utilité des asiles, elles ont sous les yeux les exemples de l'administration supérieure noblement prodigue d'encouragements et de secours au profit de ces établissements. Concours des hommes sérieux, à idées politiques élevées, qui, s'alarmant à bon droit des symptômes menaçants d'une guerre sourde encore, il est vrai, mais à la veille d'éclater peut-être entre le prolétariat et la propriété, jugeront que le moyen le plus sûr comme le plus moral et le plus humain de conjurer une crise terrible, est de s'emparer des générations naissantes, de former de bonne heure des chrétiens et des citoyens qui sachent et se respecter eux-mêmes et respecter tout ce qui est honorable, chercher dans le travail et dans la bonne conduite, et non dans un bouleversement social, l'aisance et le bien-être, et chez qui la reconnaissance du bienfait reçu remplacera l'envie que porte celui qui n'a rien à celui qui possède. »

notre œuvre d'éducation chrétienne; et laissez-moi vous répéter combien la Commission supérieure et son président vous ont voué de reconnaissance pour cette impulsion que votre parole a donnée à un progrès religieux et moral qui désormais ne s'arrêtera plus. Cette œuvre de femmes chrétiennes, cette œuvre de dévouement maternel, d'abnégation et de sacrifices, cette œuvre de perpétuel holocauste, la voilà, grâce à vous, comprise, adoptée, mise en pratique, par une foule de vierges chrétiennes, qui, dans les petits enfants des asiles, se plaisent à voir, à aimer, à soigner Jésus enfant. Oh! qu'elles portent dignement le nom de *Sœurs de la sainte enfance!* — Laissez-moi seulement émettre un vœu, ajoutait le sage conseiller, c'est que, pour que la tâche accomplie par elles soit largement féconde, au dévouement admirable qui les inspire, à l'amour des enfants alimentés au foyer de l'amour divin, elles ne cessent jamais de joindre l'esprit de fidélité aux recommandations que nous avons le devoir de leur adresser, l'esprit de soumission aux règlements spéciaux qui, sous le nom de *méthode*, conservent les procédés ingénieux nés de l'observation même des instincts et de la nature de l'enfant. Nous avons peut-être l'air de descendre, en parlant ainsi, à des détails bien minutieux; mais, vous le savez, monseigneur, dans une œuvre aussi délicate que l'est celle des salles d'asile, les détails seuls peuvent conserver l'ensemble et donner à l'institution toute son efficacité pratique. »

Quiconque est au courant de la question des salles d'asile, comprendra tout ce que contenaient de sagesse, dans leur discrète réserve, les dernières lignes de cette lettre de M. Rendu. En cette question comme en toutes les autres, le vénérable président de la Commission portait cette qualité exquise : un bon sens toujours supérieur aux instincts qui eussent pu l'entraîner au delà du but. Plus que personne, on vient de le voir, M. Rendu a contribué à donner aux associations religieuses de femmes une part prépondérante dans la direction des salles d'asile; mais, en même temps, avec une douceur pleine de fermeté, il veillait à ce que les règles particulières de l'institution ne fussent jamais désertées.

M. Rendu dirigea, jusqu'à l'époque où il se retira du conseil de l'instruction publique, cette Commission supérieure qui lui avait dû et son existence même et les résultats que de persévérants efforts lui avaient permis d'atteindre. Lorsqu'en 1854 le *Comité central* de patronage reçut la mission de présider, en des conditions nouvelles, aux développements d'une institution désormais enracinée dans notre sol, il n'eut qu'à suivre des traditions qui étaient pour lui une lumière et un guide. Précieusement recueillies par l'administration supérieure elle-même, ces traditions forment ce qu'on peut appeler le code de l'institution des salles d'asile. Elles ont été consacrées par le législateur de 1854, aussi bien que par l'éminent prélat qui occupe aujourd'hui la place où siégea, pendant près de quinze années, le second fondateur des salles d'asile en France, M. le conseiller Rendu.

A l'histoire du premier développement des salles d'asile se liait, pour M. Rendu, le souvenir d'un prélat illustre, Mgr de Quélen, archevêque de Paris. M. de Quélen semblait avoir puisé dans ses épreuves une bénignité et une tendresse d'âme qui lui faisaient aimer passionnément l'enfance.

« Vous présidez à une œuvre admirable, écrivait-il le 15 janvier 1838 à M. Rendu ; et dans cette œuvre mon cœur est avec vous, plus ardemment, et, laissez-moi le dire, plus tendrement que je ne puis l'exprimer. Aimer l'enfance ! la soigner, la préserver, la conduire dans le droit chemin, ah ! monsieur, la douce et noble tâche ! Gerson, à la fin de sa vie, faisait l'école aux petits enfants ; si je suivais mes goûts, et si d'ailleurs j'en étais digne, j'imiterais ce grand docteur. Ah ! qui nous donnera, pour aimer l'enfance, la tendresse des mères ? pour la diriger, l'intelligence des saints éclairée d'en haut ? Car que de dons rares de la Providence ne faut-il pas pour pouvoir redire avec efficacité le mot du doux Sauveur : *Sinite parvulos ad me venire!* »

Je rencontre, à cette date de 1838, une autre lettre de M. de Quélen qui, bien que relative à un sujet tout autre que les salles d'asile, doit ici trouver place. Cette lettre honore autant celui qui l'écrivait que ceux dont il y est parlé ; elle semble d'ailleurs, par son objet, appartenir directement à l'histoire :

« Paris, le 19 août 1838.
« Monsieur,

« Vous ne serez pas étonné de la démarche que j'ai l'honneur de faire auprès de vous, et des vives instances que je me permettrai, lorsque vous saurez que la famille pour laquelle je viens solliciter votre intérêt, votre voix au Conseil royal de l'instruction publique, est celle qui, dans mes jours d'alarmes, de désolations et de ruine, m'a offert une généreuse et dangereuse hospitalité, la famille Geoffroy de Saint-Hilaire, chez laquelle j'ai été recueilli après les événements de juillet 1830, pendant que l'on pillait l'archevêché et qu'on livrait le pasteur à toute l'animadversion populaire. Depuis ces jours cruels à la fois et doux à mon cœur par la reconnaissance, la famille Geoffroy est devenue la mienne, et tout ce qui l'intéresse et la touche, touche la prunelle de mon œil. Depuis ce temps, je lui ai voué tout ce qui pourrait de ma part lui être bon et utile.

« J'apprends que M. Isidore Geoffroy de Saint-Hilaire est sur les rangs pour la place d'inspecteur de l'académie de Paris ; les savants l'ont présenté, et sans vouloir m'immiscer dans la société des premiers de la haute science, je crois qu'ils ont bien et justement fait ; il s'agit pour M. Isidore de réussir, et je viens vous demander de vous joindre à ceux auxquels il a inspiré une fort légitime estime, pour le faire parvenir au poste auquel il aspire et qu'il honorera, j'en suis sûr. C'est non-seulement votre voix que je réclame, mais encore tout votre intérêt pour le servir auprès du Conseil et du ministre; ne me donnez ni les uns ni les autres la douleur de penser que mes tribulations ne me donnent aucun titre devant vous : j'oserais dire, comme saint Grégoire à la fin de son *supremum vale : Filioli, memores estote lapidationum mearum.*

« Si M. Isidore réussit, ce sera un des plus heureux dédommagements de tout ce que j'ai souffert; ce succès sera une occasion pour moi de croire que ma reconnaissance n'est pas stérile, et je jouirai doublement de vous devoir cette consolation.

« Recevez, je vous prie, l'assurance du sincère attachement, etc.

« † HYACINTHE, *archevêque de Paris.* »

Nul mieux que M. Rendu ne comprenait de tels sentiments. Il ne laissa point échapper cette occasion d'honorer la religion en servant les intérêts de la science.

Une pensée qui se rattachait à l'œuvre des salles d'asile, fut inspirée, en 1845, par M. Rendu à M. de Salvandy. Il s'agissait de recueillir, à travers le champ tout entier de la poésie française, les morceaux qu'il était désirable de voir se graver dans la mémoire des enfants des écoles, et de mettre au concours les compositions musicales qui permettraient de rendre ces morceaux populaires. Une commission fut instituée à cet effet. On y remarquait MM. de Barante, le baron Dupin, Vitet, Patin, Ozanam, Quicherat, Ritt, de Carné[1]. Cette commission publia un premier recueil comprenant des morceaux religieux et patriotiques.

« J'ai lu le procès-verbal, écrivait un jour à cette occasion M. de Salvandy à M. Rendu. Je le trouve très-complet, et le rédacteur a eu raison de tout faire partir de votre présidence. Car c'est là que commence ce qui portera fruit.... Si la commission autorisait la publication du procès-verbal, elle rendrait un grand service · elle populariserait une pensée qui a pu d'abord n'être pas bien comprise. Cette publication aurait un autre avantage; elle prouverait qu'un homme tel que M. Quicherat est bon à tout, et comment vous savez discerner et choisir. » (28 juin 1845.)

Il faut regretter que le plan conçu par M. de Salvandy et M. Rendu ait été trop rapidement abandonné. Sans doute l'idée dont il s'agit soulevait des objections : peut-on créer, de dessein délibéré, et décréter, pour ainsi dire, une *poésie populaire ?* Il est

1. Un jury composé des représentants les plus élevés de la science musicale procéda au jugement des compositions.

permis d'en douter. Les poésies populaires jaillissent spontanément du sol national, plutôt qu'on ne les y implante. On le reconnaîtra du moins : nul moyen d'éducation , nul instrument de développement moral ne doit être négligé ; or, on ne saurait le nier, l'union de la poésie et du chant au sein des écoles disposerait le peuple aux jouissances délicates, et ne serait pas sans influence sur les esprits aussi bien que sur les mœurs.

XII

Nul assurément ne combattit pour l'Université avec plus d'ardeur et de persévérance que M. Rendu. Mais s'il fut le défenseur convaincu de cette grande institution, il n'en fut pas le champion aveugle.

Dans les luttes de 1816 et de 1819, aucune transaction n'était admissible. Les adversaires de l'Université réclamaient sa destruction : il était naturel que l'Université répondît en affirmant le principe exclusif sur lequel l'avait posée la main de son fondateur.

Mais le règne des principes absolus n'a qu'un temps. Ils s'affaiblissent et s'usent par leur exagération même, dès que le milieu social au sein duquel s'était produit leur avénement vient à subir des altérations profondes. Le génie politique consiste à saisir le moment où, une grande institution s'ébranlant, il est possible d'en renouveler les bases, et d'en prévenir la chute par une réforme résolûment accomplie.

L'inauguration du régime enfanté par la révolution de 1830 eut été un de ces moments pour l'Université. « Il valait beaucoup mieux, écrivait récemment M. Guizot [1] avec l'autorité qui lui appartient, accepter hardiment la lutte contre des rivaux libres que défendre avec embarras la domination et le privilége contre des ennemis acharnés. Le premier ébranlement une fois passé, l'Université était en état de soutenir cette lutte, non-seulement avec

1. *Mémoires*, t. III, p. 103.

succès, mais avec éclat, et elle y eut bientôt gagné en puissance autant qu'en dignité. »

Telle était dès l'époque dont nous parlons l'opinion de M. Rendu. Une note fort curieuse, du mois de juillet 1833, ne laisse aucun doute à cet égard :

« La loi du 28 juin vient de consacrer la liberté dans l'instruction primaire; cela est bien; mais le plus difficile et le plus nécessaire n'est pas fait. Il faut le reconnaître franchement, la charte a transformé les données du problème, et créé pour l'Université une situation nouvelle; je ne vois pas comment toutes les autres libertés trouvant la porte ouverte, on la refermerait sur la liberté d'enseignement. Laissant de côté tant de déclamations absurdes et d'invectives passionnées, il faut bien avouer qu'il y a lieu de penser à une conciliation et à un traité de paix. Les charmantes impertinences de M. de Montalembert, à la Cour des pairs, recouvraient après tout des vérités dont on doit tenir compte.

« Le traité de paix doit être tenté, non pas seulement au nom des principes, mais dans l'intérêt même de l'Université. La grande institution impériale n'est plus aujourd'hui, cela est certain, et depuis longtemps, dans les conditions où l'avait placée l'Empereur. Pouvons-nous affirmer avec assurance que les *préceptes de la religion catholique* sont restés la base de son enseignement? En *droit*, oui; mais en *fait?* où va la philosophie de l'Université? où est l'élément religieux dans le Conseil? Pouvons-nous y montrer des abbé Émery, des Bausset, des Villaret, des Bonald, etc., etc.? L'Empereur avait donné à son Université le pouvoir exclusif; oui : mais il entendait que dans le gouvernement de l'Université fussent groupées, avec les dépositaires de sa pensée intime, toutes les forces religieuses du pays. Dès lors le clergé n'avait pas à se plaindre; et l'on sait comment il avait accueilli la création de l'Université; où en sommes-nous aujourd'hui?

« Que l'Université se juge en jugeant la situation générale, et qu'elle prévienne, en cédant à propos, les assauts redoutables dont l'issue pourrait être fatale à tout le monde. A tout le monde, dis-je; car, si par impossible l'Université était renversée, que deviendrait l'enseignement en France? et qu'est-ce que le clergé serait en mesure de faire de sa victoire? Le monopole que l'Université a exercé et dû exercer pendant si longtemps sera bientôt remplacé par la concurrence. Tâchons donc d'en bien régler les conditions, et cela dans l'intérêt commun de la religion et de l'Université. Nous ne redoutons pas la rivalité des institutions libres : heureux si le sentiment religieux et le patriotisme s'y fortifient et s'en dégagent plus puissants! Tout pour la patrie et pour Dieu! »

En de telles dispositions d'esprit, M. Rendu ne pouvait qu'applaudir aux plans de transaction qui furent successivement présentés aux chambres, en 1836, par M. Guizot, et en 1841 par M. Villemain. C'est à l'occasion des luttes engagées lors de l'apparition du projet de M. Villemain qu'il écrivit son livre de l'*Instruction secondaire, et spécialement des écoles secondaires ecclésia-*

stiques[1]. Ce livre était un appel éloquent à l'union de l'Université et du clergé :

« .... Nous en sommes là, disait M. Rendu, après avoir retracé les périls sans nombre qui menaçaient l'ordre moral ; et maintenant, dirons-nous aux deux grandes institutions qui portent le pesant mais glorieux fardeau de l'instruction et de l'éducation de la jeunesse, puisque ainsi est faite la société dans le sein de laquelle il nous faut vivre, et marcher et combattre, dans une telle arène, contre de si redoutables adversaires, un premier cri ne s'échappe-t-il pas du fond de vos entrailles, du plus intime de vos consciences : *c'est l'union qui fera notre force!* Unissez-vous, unissez-vous, redirons-nous au clergé, répéterons-nous à l'Université ; unissez-vous ; ou, comme les peuples imprévoyants et malhabiles qui, malgré leur nombre et leur courage, laissèrent envahir la patrie[2], combattant isolément, vous serez vaincus l'un et l'autre. »

Cet appel prophétique ne devait être compris que huit ans plus tard, sous la menace et sous la sommation des convulsions sociales. M. Rendu, au milieu du feu croisé des combattants, n'en continuait pas moins à faire entendre sa calme et sage parole : en invoquant pour l'instruction publique un régime où les forces libres pussent se développer largement à côté des établissements de l'État, il restait plein de confiance dans les destinées du corps enseignant ; ce qu'il attendait du développement des institutions rivales, ce n'était pas l'affaiblissement de l'Université, c'était au contraire cette recrudescence de vie qui naît toujours d'une lutte régulièrement engagée et vaillamment soutenue ; c'était une sévérité plus grande de l'Université à l'égard d'elle-même ; c'était surtout un sentiment plus vif de la nécessité d'une alliance intime et profonde avec la foi chrétienne. « C'est le clergé, disait-il souvent, qui nous forcera de rentrer dans la voie où nous avait jetés l'Empereur. Si l'Université voulait garder le monopole, il fallait qu'elle restât dans les conditions où l'avait placée son fondateur, et qu'elle se fît absoudre en partageant avec l'Église. » — « Vous m'accusez de n'être pas assez universitaire, répondait-il à certains contradicteurs ; c'est que vous faites dater l'Université de 1830 ; moi, je la fais dater de 1808 ; je sais ce qu'elle était à cette date, et ce qu'elle devrait être aujourd'hui. Voulez-vous connaître les vraies conditions de la vie d'une institution ? remontez à

1. Un vol. in-8, 1842.
2. *Dum singuli pugnant, universi vincuntur.* (Tacite.)

son origine. Vous n'avez pas voulu du clergé pour allié au sein du conseil de l'Université, vous l'aurez pour rival au dehors. » Et il écrivait, dans la préface de la troisième édition du *Code universitaire* (1846) :

> « Aujourd'hui que la liberté de l'enseignement, solennellement promise par la charte pour tous les degrés de l'instruction publique, franchement et sagement donnée pour l'instruction primaire en 1833, semble enfin apparaître, et qu'on peut l'espérer également sage et franche pour l'instruction secondaire, nous répétons avec plus d'assurance ce que nous disions il y a vingt-six ans : « L'Université ira s'affermissant toujours. » La liberté de l'enseignement sera un nouveau et puissant motif de maintenir une institution qui est tout ensemble une grande administration chargée de surveiller, au nom et dans l'intérêt de l'État, tous les établissements d'instruction publique, et une vaste corporation spécialement chargée de faire prospérer les établissements nationaux d'instruction et d'éducation.
>
> « Ne craignons pas de le dire : cette concurrence du libre enseignement a manqué jusqu'ici au développement complet de l'institution universitaire.
>
> « Que cette condition essentielle de tout progrès durable soit enfin remplie, que toute satisfaction soit donnée aux familles, que des rivalités sérieuses viennent de toutes parts exciter les courages et redoubler les efforts; toute amélioration devient possible, tout perfectionnement est probable. »

Ce perfectionnement, c'était, pour M. Rendu, d'un côté le retour de l'Université à la pensée primitive, aux conditions religieuses de sa création, à l'union sincère, sympathique avec le clergé; de l'autre l'acceptation définitive et sans arrière-pensée par les pouvoirs ecclésiastiques des principes essentiels sur lesquels repose la civilisation moderne, et la cessation d'une lutte qui empêchait la société chrétienne de voir se consolider un système d'éducation tout à la fois religieuse et savante donnée en commun par l'Église et par l'État, pour la gloire de la première comme pour le salut du second.

Et en effet, M. Rendu élevait la question de l'enseignement bien au-dessus d'une question de rivalité jalouse, bien au-dessus d'une lutte mesquine entre écoles secondaires laïques et petits séminaires. *Il ne s'agit pas seulement*, écrivait-il (et il donnait ces mots pour épigraphe à son livre) *de recruter le clergé, il s'agit de refaire la société chrétienne*. Et pour cela, ce n'était pas la guerre qu'il fallait organiser, c'était l'union des forces dans la poursuite d'un but commun. « Vous, hommes religieux, disait-il, vous allez répétant que l'objet primitif, l'objet spécial et naturel des écoles ecclésiastiques, c'est le recrutement du clergé. N'oubliez pas qu'il y a un objet général tout aussi naturel, tout aussi primitif, un objet plus vaste encore et éminemment digne d'hommes voués au service des âmes, c'est le recrutement de toute la société chrétienne, prêtres et peuples, clergé et fidèles. — Vous, gouvernement, estimez-vous heureux d'avoir par milliers, sous la main, pour l'éducation de la jeunesse, des hommes dont la mission est le sacrifice, et sachez user des dons de Dieu. Ne craignez pas d'encourager, de soutenir le clergé, qui, de son côté, ne craindra pas, dans l'intérêt d'un pouvoir ami et protecteur, d'être inspecté et surveillé.... Après tout, ce qui importe à la société, ce qu'elle veut, ce qu'elle a besoin d'obtenir sous peine de périr, ce n'est pas que telles ou telles écoles fleurissent, c'est que les pères qui ne forment que des vœux chrétiens soient pleinement satisfaits[1]. »

On voit quelle pensée préoccupait avant tout M. Rendu, vers la fin de sa carrière publique; c'était celle qui en avait dirigé les débuts; qui, aux premières années du siècle, avait présidé à tant de grands faits religieux et politiques, inspiré le concordat, créé l'Université de France, à savoir la *conciliation* : conciliation de l'Église et de la société laïque, de la foi chrétienne et de l'esprit nouveau, de la religion et de la science; l'une du haut même de son immobilité doctrinale et dans l'indéfectibilité de son principe, acceptant les transformations politiques et sociales issues de la Révolution française; l'autre, de la sphère même où l'activité de la pensée moderne multiplie les progrès et les découvertes, rendant hommage à la Révélation divine, interprète et gardienne des vérités éternelles ; celle-ci, poursuivant sans inquiétudes, sous l'œil bienveillant de celle-là, le cours de ses investigations et de ses conquêtes; la première guidant la seconde sans la combattre, et laissant les faits humains se développer librement, à la lumière et comme sous le rayonnement de l'enseignement divin.

Voilà quel était l'idéal que poursuivait M. Rendu.

Les chefs les plus éminents du camp religieux rendaient justice à une telle pensée; et le vénérable conseiller était comme le trait d'union de deux sociétés trop souvent en lutte.

1. *De l'Instruction secondaire*, p. 466.

« J'ai reçu avec un sentiment profond de reconnaissance, lui écrivait le
P. de Ravignan, l'ouvrage que vous m'avez fait l'honneur de m'adresser (*De
l'Instruction secondaire*). Du fond de mon cœur, je m'unis à toute la sincérité
de vos vœux, et je demande à Dieu qu'on finisse par s'entendre. Il est consol-
lant de rencontrer dans des positions influentes des hommes de foi et de courage qui savent tendre au but. Vous êtes, monsieur, pour le clergé une de ces
consolations les plus précieuses. »

« .... Nous espérons, écrivait de son côté à M. Rendu le futur auteur de *la Connaissance de l'âme*, M. l'abbé Gratry, que vous pourrez reprendre avec une ardeur toute nouvelle, en temps opportun s'il en fut, l'exercice de cette salutaire
influence que vous exercez dans l'Université. Voici le moment de la crise. Cette
crise peut être féconde; vivifier tout l'enseignement public par la concurrence;
doubler les forces de l'Université; *faire travailler* le clergé, et susciter par là
dans l'enseignement une puissance nouvelle. Une bonne loi sur l'enseignement
renferme l'avenir et le salut de la France. »

M. de Montalembert se sentait pressé, lui aussi, de tendre la
main à M. Rendu :

« ....Je ne terminerai pas, lui disait l'illustre adversaire de l'Université à la fin
d'une lettre en date du 6 août 1841, sans exprimer un vœu qui, j'en suis sûr,
ne manquera pas son adresse, en allant à vous : c'est que nous puissions voir
bientôt les hommes religieux de l'Université et les hommes modérés du clergé se
rapprocher et s'entendre, pour résoudre cette immense question de la liberté
d'enseignement.... Il nous faut bien des efforts pour nous persuader que c'est
l'Université actuelle qui pourra refaire une société chrétienne. Si elle renfermait
beaucoup d'hommes comme vous, la question serait tranchée d'avance.... »

Vers le même temps, et dans cette même pensée de rapprochement où se résumaient tous ses vœux, M. Rendu favorisait auprès
de l'autorité universitaire comme auprès de l'autorité ecclésiastique, la reconstitution de la Faculté de théologie de Paris, d'après
des bases qui lui permissent d'exercer une influence efficace sur la
jeunesse savante et sur la société laïque. Je trouve à ce sujet,
sous la date du 17 juin 1840, une lettre de M. l'abbé Bautain,
qu'on ne lira pas sans intérêt.

« Comme vous, monsieur le conseiller, écrivait de Strasbourg, où son enseignement jetait un vif éclat, l'éminent philosophe, je pense souvent, constamment à la jeunesse qui nous entoure, et surtout à celle qui se rassemble à
Paris. C'est là certainement qu'il y a le plus à faire.... On parle de reconstituer
la Faculté de théologie. Les facultés de théologie, telles qu'elles sont organisées
sont dans une fausse position qui les tue. Elles n'ont point d'objet, n'étant ni
pour le clergé ni pour le monde. Elles sont inutiles au clergé tel qu'il est, parce
qu'il a dans ses séminaires les cours qu'il croit nécessaires; et ceux de la
Faculté deviennent des doublures. — Il est impossible de rétablir l'ancienne
Sorbonne avec la Faculté de théologie de Paris. Il y aura moyen de le faire avec

une *maison de hautes études ecclésiastiques* qui sera pour le clergé français et exclusivement pour le clergé. Que faire donc de la Faculté? La *catéchèse* de l'Université, comme fut jadis l'école d'Alexandrie. Pour préparer ou ramener la jeunesse savante à l'Évangile, elle doit devenir un grand enseignement de la *philosophie du christianisme*. Le cours de *dogme* doit devenir une métaphysique chrétienne. Le cours de *morale* doit exposer la morale de l'Évangile en face des morales humaines. Le cours d'*histoire ecclésiastique* doit exposer l'histoire du monde d'après le plan de la Providence, à la manière de Bossuet; le cours de *droit canon*, l'admirable législation de l'Église en face de toutes les législations humaines : ce serait le véritable cours de législation comparée, et ainsi des autres cours. La Faculté de théologie deviendrait une université à elle toute seule, et la théologie, mère des sciences parce que la parole de Dieu en est la source, reprendrait son rang au milieu des doctrines et des institutions humaines.

« Supposez maintenant, monsieur, que de tels cours ainsi conçus soient faits par des hommes dont la parole soit puissante et que la jeunesse aime à entendre; et voyez quelle prodigieuse influence!

« Mais le succès n'est possible qu'à ce prix : il faut mettre dans les chaires des hommes qui attirent la jeunesse savante, qui soient sortis de ses rangs, qui la connaissent, et qu'elle connaisse. Ce ne sont point des théologiens érudits comme Saint-Sulpice, qu'il faut. Ce sont des chrétiens éloquents; je proposerais l'abbé de Bonnechose, l'abbé Cœur, l'abbé Gerbet, Lacordaire, s'il le pouvait, etc.... Mgr Affre entrera-t-il dans ces vues? Je viens de les lui exposer, et nous attendrons. Veuillez lui montrer la grandeur de cette œuvre. Ce devrait être les conférences de Notre-Dame en permanence, et par six voix au lieu d'une! »

On sait avec quel succès M. l'abbé Bautain a contribué et contribue chaque jour à réaliser le programme dont il traçait si largement le cadre; M. Rendu ne négligea rien, de son côté, pour amener l'accord des deux puissances dans la constitution d'une œuvre de laquelle il attendait de grands résultats.

Ainsi, entre l'Université qu'il aimait et le clergé qu'il voulait servir, M. Rendu restait sur le terrain que lui avait fait choisir sa ferme raison. A quel point il était séparé de ceux qui cherchent, dans les questions de politique religieuse, non ce qui rapproche, mais ce qui divise, non ce qui attire, mais ce qui blesse; à quel point, dans l'ardente ferveur mais aussi dans la sagesse de sa foi, il se sentait peu de goût pour la témérité aveugle qui prend à tâche d'isoler le catholicisme du mouvement général des esprits; de le constituer à l'état de guerre contre les institutions nées de ce siècle, et de creuser un abîme entre l'Église et la société moderne, on peut facilement le comprendre. M. Rendu souffrait dans son esprit comme dans sa conscience d'une hostilité qu'il prévoyait devoir aboutir à d'irrémédiables déchirements. Aussi, cet infatigable athlète de la foi chrétienne et de l'*obéissance raisonnable* (il avait souvent à la bouche l'*obsequium rationabile*), voulut-il tenter de donner lui-même un spécimen de la manière dont il concevait le rôle *éducateur*, que l'on me passe ce mot, du catholicisme au dix-neuvième siècle. L'œuvre de conciliation à laquelle il s'était voué dans la sphère doctrinale, il essaya de l'accomplir dans l'ordre des faits, en préparant à la jeunesse des écoles le terrain sur lequel il entendait lui assigner rendez-vous. Reprenant, avec l'autorité dont l'investissait sa vie entière, un projet qui, on s'en souvient, datait, chez lui, de l'année 1805 (voy. p. 13); unissant ses pensées à celles d'un homme dont l'esprit rare et le jugement exquis lui inspiraient une confiance sans bornes, de l'homme de bien qu'il avait jugé digne d'associer ses destinées à celles de l'une de ses filles, et que de cruelles épreuves ont enlevé trop tôt à tant d'œuvres excellentes, de M. Doubet, il fonda le *Cercle catholique*.

Donner rendez-vous à toutes les bonnes volontés; constituer un centre de fortes études chrétiennes, de libres discussions circonscrites sans doute par l'orthodoxie, mais échappant à d'arbitraires et puériles entraves; armer virilement la jeunesse des hautes écoles pour les combats de l'esprit, en la mettant hardiment en présence de son siècle, « du siècle avec toutes ses gloires, toutes ses industries, avec tous ses travaux et toutes ses ambitions littéraires et scientifiques[1]; » montrer à la Religion dans la Science une puissance amie, dans la liberté une alliée nécessaire; telle était la pensée fondamentale qui présidait à la naissance du *Cercle catholique*. On y reculait aussi loin qu'il était possible les limites d'une controverse sérieuse et grave; on y professait l'antique maxime : *In dubiis libertas*. On avait en cela l'approbation d'un prélat dont la science sut maintenir sur le siége de Paris le culte des saines traditions, de Mgr Affre. « On vient de vous parler de l'unité catholique, disait un jour[2] le sage prélat aux membres du Cercle réunis, de cette unité qui doit être pour nous un *lien* commun. Messieurs, à cette occasion, permettez-moi une simple réflexion. L'unité catholique nous laisse une certaine liberté, et voilà pour-

---

1. Discours de M. Rendu, dans la séance générale du 4 novembre 1842.
2. Séance du 17 mai 1842.

quoi cette unité est si forte. Il y a dans l'Église unité de dogme, mais en même temps liberté des opinions que l'Église, dans sa haute sagesse, s'est abstenue de définir. Il y a unité de culte, mais il y a une variété de rites, soit entre les Églises d'Orient et d'Occident, soit entre les différentes Églises qui appartiennent à l'Église d'Occident. En tout et partout, ne perdez pas de vue la liberté dans l'unité! »

Ces quelques mots, au moment où ils furent prononcés, au moment où l'école funeste, qui, par une singulière contradiction de termes, s'est appelée le *parti catholique*, levait son drapeau et rompait violemment avec les antiques enseignements de l'Église de France, ces quelques mots, dans leur simplicité et dans leur modération même, étaient une protestation et une condamnation. Ainsi furent-ils compris par l'école dont je parle; ils marquèrent donc l'institution nouvelle d'un caractère particulier, et lui donnèrent pour ainsi dire le ton et la note entre toutes les œuvres inspirées par l'esprit de propagande religieuse et par un dévouement absolu à la foi catholique.

Des hommes éminents dans l'Église et dans la science s'étaient, dès le premier moment, associés aux efforts de M. Rendu et de M. Doubet: aux noms de M. l'abbé Desgenettes, du père Lacordaire, de M. l'abbé Bautain[1], de M. l'abbé Maret, de M. l'abbé Fissiaux[2], de M. l'abbé de Bonnechose[3], on avait vu se joindre ceux de MM. de Vatimesnil, Binet (de l'Institut), Beudant (id.), etc., le nom surtout du maître éminent qui eut le privilége d'être aimé autant qu'admiré; de l'ardent chrétien qui sut faire de sa vie un sacrifice à l'Église et à la foi[4], sans en faire jamais un défi à la société laïque et à la

1. Deux cents auditeurs suivirent pendant trois années les conférences philosophiques où M. l'abbé Bautain, avec une merveilleuse limpidité de parole, exposa les plus difficiles problèmes de la science.

2. Fondateur des *Frères* pour les colonies pénitentiaires et agricoles.

3. Aujourd'hui archevêque de Rouen.

4. « Messieurs, disait un jour Ozanam aux jeunes hommes réunis à la conférence littéraire dont il avait accepté la direction, tous les jours, nos amis, nos frères se font tuer comme soldats ou comme missionnaires sur la terre d'Afrique ou devant les palais des mandarins. Que faisons-nous, nous autres, pendant ce temps-là ? Croyez-vous donc que Dieu ait donné aux uns la mission de mourir au service de la civilisation et de l'Église, aux autres la tâche de vivre les mains dans leurs poches, ou de se coucher sur des roses? Ah! messieurs, travailleurs de la science, gens de lettres chrétiens, montrons que nous ne sommes pas assez lâches pour croire à un partage qui serait une accusation contre Dieu qui l'aurait fait, et une ignominie pour nous qui l'accepterions. Préparons-nous à prouver que nous aussi nous avons nos champs

raison ; de l'homme, en un mot, qui entra dans la gloire par la porte qu'ouvrirent pour lui les mains étroitement unies de la science et de la religion, le nom de Frédéric Ozanam.

Le souvenir de l'homme illustre qui, en dépit de bien des défaillances[1], restera comme le héros de la littérature chrétienne au dix-neuvième siècle, se trouve aussi mêlé aux débuts du *Cercle catholique*. M. Rendu avait, depuis longues années, cessé toute relation avec M. de Chateaubriand. Cette austérité au sujet de laquelle le querellait M. de Fontanes, n'avait pu s'accommoder des allures faciles où l'ancien collaborateur du *Mercure* avait laissé s'échapper son génie. Cependant le nom de l'auteur des *Martyrs* était une des puissances devant lesquelles s'inclinait le siècle. M. Rendu crut utile de présenter ce grand nom à la jeunesse

de bataille *où parfois l'on sait mourir.* » On nous saura gré d'avoir sauvé de l'oubli une parole qui est le saisissant résumé d'une vie héroïque. Combien d'éclairs brûlants a ainsi jetés, dans les discussions de la conférence littéraire du *Cercle catholique*, cette âme dévorée de la passion des grandes choses !

Qu'on pardonne à notre amitié encore émue de citer ici une lettre bien simple, mais qui prouve avec quel dévouement l'éloquent professeur de la Sorbonne remplissait son rôle de président d'une modeste réunion de jeunes gens :

« Mon cher ami, nous écrivait Ozanam le 23 décembre 1844, je suis bien souffrant ce soir, et je vous prie de m'excuser auprès des membres de la conférence.

« Il y aura lieu de prendre premièrement les noms de ceux qui voudront bien faire partie de nos petites réunions littéraires ; secondement à faire l'élection d'un vice-président ; troisièmement à rappeler le règlement de l'année dernière ; enfin à dresser l'ordre du jour de la séance prochaine. A cet effet, on inscrira ceux qui voudront lire des travaux écrits, et ceux qui se proposeront de parler sur les deux questions suivantes :

« *Histoire* : Quel a été le résultat des guerres des Français en Italie aux quinzième et seizième siècles pour la puissance et la civilisation françaises ?

« *Littérature :* Après la critique si vive que notre siècle a fait subir à l'art poétique de Boileau, quel mérite reste-t-il à cet ouvrage ? Que renferme-t-il de vérité absolue ? Et dans quelle mesure est-il permis de tracer des règles à la poésie ?

« Je compte lundi prochain être plus heureux que ce soir ; et j'espère que la conférence voudra bien agréer avec mes regrets l'assurance de mon entier dévouement.

« Votre ami,

« A. F. OZANAM. »

1. Les premières feuilles de cette étude étaient tirées, lorsqu'a paru le livre si curieux de M. Sainte-Beuve, *Chateaubriand et son groupe littéraire*. Nous regrettons de n'avoir pu emprunter à l'éminent critique certains passages qui se trouvent entièrement d'accord avec les souvenirs invoqués par nous. (Voy. p. 8.) Les fragments de deux lettres de M. de Fontanes à M. de Mussy (p. 8 et 14), et le billet cité à la p. 45, lettres et billets que nous avons retrouvés dans M. Sainte-Beuve, nous avaient été communiqués à nous-même, il y a plusieurs années, par notre excellent ami le docteur Noel Gueneau de Mussy.

comme une séduction, sinon comme un guide; et il s'adressa à M. de Chateaubriand pour lui demander de s'inscrire sur la liste des fondateurs du *Cercle*. Il reçut la réponse suivante :

« Il m'était impossible, monsieur, de vous avoir oublié. Quand bien même tant de souffles divers ne m'eussent pas apporté votre nom, vous étiez trop mêlé au souvenir de ma jeunesse, des amis que vous et moi nous avons perdus!... Vous venez aujourd'hui à moi au nom du *Cercle catholique*. C'est avec le plus vif regret que je me vois forcé de refuser l'honneur que vous voulez bien m'offrir; ma santé et surtout mon âge m'ont rendu inutile dans ce monde. Je m'en vais à Dieu, en le suppliant de bénir tous ceux qui le servent sur la terre. Le vieux missionnaire isolé remercie le *Cercle catholique*, et lui demande un souvenir au pied de l'autel des chrétiens.

« Agréez, etc., CHATEAUBRIAND. »

Le *Cercle catholique* vécut de 1841 à 1850. Pendant ces neuf années, il fut pour une jeunesse nombreuse un centre de réunions agréables et utiles, un foyer de discussions graves, une école de fortes études et de saines doctrines. Quand il cessa sa bienfaisante propagande sous le coup des embarras que lui créèrent les périls d'une époque tourmentée, un magistrat éminent put écrire à M. Rendu de la province où il habitait : « Vous aviez ouvert un port à nos fils sur cette grande mer parisienne. Notre sollicitude craintive les y suivait avec bonheur; nous les y sentions sous l'œil de Dieu tout en les y sachant en présence du monde. Merci pour ce qui fut votre œuvre, l'œuvre de votre chrétienne sagesse; et regrets amers pour ce qui n'est plus. »

XIII

Quand M. de Salvandy reprit, en 1845, le portefeuille de l'instruction publique, M. Rendu profita des dispositions d'un ministre avec lequel il était en complète harmonie de vues, pour travailler à améliorer dans ses conditions matérielles et dans ses conditions morales, le système d'enseignement fondé par la loi de 1833. Quatorze ans après cette dernière loi, la France possédait environ 33 000 instituteurs *publics*. Ce résultat était considérable; Mais quelle situation était faite aux modestes serviteurs de l'enseignement? 23 000 d'entre eux, la plupart pères de famille, n'avaient qu'un revenu inférieur à 600 francs; et en décomposant ce chiffre de 23 000, on trouvait que 18 155 n'atteignaient pas un traitement de 500 francs; que plus de 11 000 étaient réduits à 400 francs; et près de 4000 à une somme inférieure à 300 francs, c'est-à-dire à un taux auquel ne descendait pas, dans les contrées les plus pauvres, le salaire du plus misérable ouvrier.

A un autre point de vue, les communes jouissant du droit de présentation, et les instituteurs n'ayant pas à attendre de l'impartiale appréciation d'une autorité supérieure l'avancement qu'ils pouvaient espérer, ceux-ci se trouvaient placés au hasard, selon le caprice de tel ou tel conseil municipal. Devant eux nulle perspective d'avenir; ils devaient rester « là où la fortune de leur premier pas les avait conduits: et s'ils en profitaient, ce n'était que par l'effet de circonstances purement fortuites ou de démarches personnelles [1]. »

---

[1]. Exposé des motifs du projet de loi de 1847.

M. Rendu sentait vivement les vices d'une telle situation ; il les appréciait en eux-mêmes et dans leurs conséquences : je trouve cette *note*, adressée à M. de Salvandy sous la date du 8 janvier 1846 :

« La loi de 1833 a été féconde dans son application. L'instruction primaire, on peut le dire, est définitivement fondée en France : plus de 43 000 écoles (communales et privées) de garçons reçoivent 2 000 000 d'élèves; 23 000 et quelques communes possèdent des écoles; 76 écoles normales préparent des instituteurs concurremment avec les associations religieuses enseignantes ; voilà des fruits de la loi qui ne sont pas à dédaigner.

« Pour les filles, nous avons fait depuis 1836 tout ce qui était en notre pouvoir[1]; et, certes, c'est là une des parties les plus intéressantes et les plus attachantes de notre tâche. N'est-ce pas sur les genoux des mères que se forme l'honnête homme et le chrétien? Il y a aujourd'hui environ 19 000 écoles de filles, dont 7500 communales; et, dans ces écoles, se presse une population d'à peu près 1 200 000 élèves; 9 écoles normales et 26 cours normaux dirigés, soit par des religieuses, soit par des dames laïques, préparent à nos établissements d'éducation de jeunes filles, de pieuses et intelligentes maîtresses.

« On a aussi pensé à satisfaire d'autres besoins : nous nous sommes préoccupés à la fois et de ceux qui font les premiers pas dans la vie, et de ceux qui arrivés déjà à l'âge où l'on ne prend plus place sur les bancs d'une école ordinaire, éprouvent cependant le besoin d'acquérir l'instruction dont les circonstances et la force des choses les avait privés jusqu'alors; des petits enfants et des hommes faits. Nous avons 6800 classes d'adultes environ, où se donnent rendez-vous plus de 115 000 élèves; et nous pouvons montrer, en regard, 1800 salles d'asile où tout un petit peuple de plus de 120 000 enfants vient recueillir les bienfaits d'un premier et maternel enseignement.

« Je le répète, de tels résultats ne sont pas à dédaigner. Depuis 1833 on a fait beaucoup de bien dans le domaine de l'éducation populaire, et peut-être me sera-t-il permis de dire qu'on a empêché beaucoup de mal.

« Mais tout cela une fois établi, on ne peut se dissimuler que nous rencontrons de graves obstacles dans la poursuite du but qu'il est indispensable d'atteindre. »

M. Rendu arrivait à réduire les obstacles à deux principaux : la misère du plus grand nombre des instituteurs ; l'absence de tout développement régulier de leur carrière :

« Je voudrais, continuait-il, qu'un minimum fût fixé, au-dessous duquel le revenu d'un instituteur ne pût pas descendre. Ce minimum ne devrait pas être uniforme, mais varier avec les *classes* entre lesquelles il conviendrait de répartir toutes les écoles du royaume; si, par exemple, ces classes étaient au nombre de trois, les instituteurs de la troisième classe ne pourraient pas avoir moins de 600 francs. On réglerait que les conseils municipaux ne pourraient choisir pour les postes de première classe que des maîtres ayant passé un cer-

1. M. Rendu avait été l'auteur principal de l'ordonnance du 23 juin 1836, qui avait appliqué aux écoles de filles la plupart des dispositions de la loi de 1833.

tain nombre d'années dans la classe immédiatement inférieure; et ainsi pour ceux de deuxième classe. De cette façon, un mouvement ascensionnel et régulier s'établirait dans tout le corps. L'avancement y serait peu fréquent sans doute, et les lois qui y présideraient ne sauraient être de nature à déterminer une surexcitation fiévreuse; Dieu nous garde de jamais rien voir de semblable dans la sphère de l'enseignement primaire! Mais le mouvement serait suffisant pour entretenir un certain esprit d'émulation; pour faire entrevoir au mérite patient et obscur des chances assurées de récompense; et pour laisser subsister une pensée d'avenir modeste chez les jeunes hommes qui se dévouent à l'honorable mais pénible profession de maître d'école. »

Cette note de M. Rendu est particulièrement digne d'attention. Elle a été l'origine et le point de départ du projet de loi qui fut présenté aux chambres le 31 mars 1847 par M. de Salvandy. Ce projet était en effet la consécration de l'idée fondamentale de M. Rendu, telle qu'on vient de la voir exposée[1].

La répartition des instituteurs en trois classes, et la fixation du minimum de 600 francs y étaient adoptés. Si ce projet eût pu être discuté au sein des chambres; si les événements ne l'eussent précipité dans un oubli auquel certes la justice fait un devoir de l'arracher, l'instruction primaire, dès les premiers jours de 1848, aurait vu se réaliser des perfectionnements qui ne furent consacrés que deux ans. plus tard, et incomplétement, par la loi du 15 mars 1850.

De 1848 à 1850 M. Rendu, continuant à défendre dans le conseil de l'Université les intérêts qui lui étaient chers[2], suivit avec une attention passionnée, mais avec très-peu de confiance dans les

1. L'article 1er de ce projet était ainsi conçu :
« Les écoles primaires communales, soit du degré élémentaire, soit du degré supérieur, sont divisées en trois classes qui comprennent :
« La première, les écoles des chefs-lieux de département et d'arrondissement;
« La deuxième, les écoles des chefs-lieux de canton et des communes ou de sections de communes dont la population agglomérée excède 1500 âmes;
« La troisième, les écoles des communes, des réunions de communes ou de sections de communes dont la population agglomérée ne s'élève pas au-dessus de 1500 âmes. »
M. de Salvandy fut heureusement secondé, nous tenons à le constater ici, dans la préparation de son projet de loi, par le fonctionnaire expérimenté dont le sage esprit n'a pas cessé depuis 1846 de rendre les plus utiles services à l'administration de l'instruction primaire, M. G. Pillet.
2. Rien ne s'oppose à ce que nous livrions aujourd'hui à la publicité un *avis* émis par M. Rendu au mois de mai 1850, dans la question de savoir si, sous la législation nouvelle comme sous celle de 1833, un instituteur pouvait être révoqué sans *avoir été entendu*. Cet *avis* fait comprendre combien le vénérable conseiller fut jusqu'au bout fidèle à lui-même, et quelle invariabilité de doctrines ne cessa de gouver-

résultats, les controverses auxquelles donnait lieu, dans les assemblées délibérantes et ailleurs, la grande question de l'enseignement. Il y prit part en publiant, comme on l'a vu, la seconde édition des *Considérations sur les écoles normales.* Ce qui l'attristait

ner ses actes. Le magistrat universitaire de 1821 n'avait pas changé de langage en 1850 :

« L'instituteur D*** (département du Nord) a été révoqué de ses fonctions comme coupable d'avoir négligé son école et ayant professé de mauvaises doctrines politiques. Il s'est pourvu en temps utile. Le conseil a maintenu la révocation.

« A l'occasion de cette affaire, une grave et importante question, déjà jugée deux fois par le conseil, a été de nouveau soulevée et discutée. Le conseil l'a résolue dans un sens contraire à sa première décision ; le conseiller soussigné a déclaré persister dans l'avis qui avait été précédemment adopté.

« Il s'agit de savoir si, sous l'empire de la loi du 11 janvier 1850, l'instituteur prévenu d'une faute grave, peut être condamné et puni *sans avoir été entendu ou dûment appelé.*

« Le soussigné soutient, ainsi que le conseil l'a d'abord décidé, que cela n'est pas possible.

« Pour faire fléchir dans des circonstances quelconques, vis-à-vis de quelque accusé que ce soit, ce principe d'éternelle équité, cette règle du droit naturel antérieure et supérieure à toutes les constitutions humaines, cette maxime sacrée *que tout prévenu doit être entendu dans ses moyens de défense,* il faudrait que la loi qui autoriserait une pareille exception au droit commun, en contînt une disposition bien expresse et bien formelle.

« La loi du 11 janvier 1850 ne contient aucune disposition semblable. Elle garde sur ce point un silence absolu ; d'où il suit clairement qu'elle n'a pas entendu déroger, à cet égard, au droit général qui protège tout homme accusé.

« Il y a plus :

« La loi du 11 janvier rappelle par trois fois la loi du 28 juin 1833, et notamment dans son septième et pénultième article, elle dit expressément *que les dispositions de la loi de 1833 restent en vigueur en tout ce qui n'est pas contraire à la présente loi.*

« Or la loi du 28 juin 1833, conforme en cela à toutes les lois divines et humaines, exige formellement (article 23) que l'instituteur inculpé soit *entendu ou dûment appelé.*

« La loi du 11 janvier 1850 ne contient pas de disposition contraire.

« Donc, la disposition protectrice de la loi du 28 juin 1833 reste dans toute sa vigueur.

« Le soussigné pourrait se borner à ce simple raisonnement.

« Mais diverses objections ont été présentées dans le cours de la discussion, et il croit devoir y répondre.

« La loi du 11 janvier, a-t-on dit, est une loi transitoire, une loi de circonstance, une loi exceptionnelle faite tout exprès et uniquement pour un état de choses extraordinaire ; la société attaquée, menacée, bouleversée, avait besoin de mesures promptes et sévères ; le mal était extrême, le remède devait être extrême aussi ; de là le pouvoir exorbitant confié aux préfets par cette loi du 11 janvier ; elle ne doit pas être appréciée et interprétée comme si elle était définitive.

« Le soussigné n'a garde de contester le moins du monde le déplorable état de la société actuelle, ni par conséquent l'urgente nécessité de mesures énergiques prises avec une rapidité qui en double le bienfait.

« Seulement, il faut observer que cette énergie et cette rapidité si nécessaires se trouvent dans la disposition qui a transféré au premier magistrat de chaque département, au magistrat qui est essentiellement l'homme politique, la représentation du

profondément, c'était l'incompétence de la plupart des hommes auxquels les circonstances livraient les destinées de l'instruction publique, et chez qui la bonne foi menaçait à chaque instant d'être vaincue par le parti pris. Se plaignant « des discussions tout à la

pouvoir, l'agent principal de l'autorité publique, le droit de répression que la loi de 1833 avait confié à une réunion d'hommes quelquefois difficiles à réunir plus difficiles encore à éclairer et à convaincre. Le droit le plus efficace, le droit de révoquer un instituteur, ne pouvait être exercé que par le comité d'arrondissement ; ce droit a été donné au préfet ; et là était évidemment, dans la pensée du législateur, le remède héroïque, la prompte justice que réclamaient les circonstances.

« A la vérité, pour exercer ce droit, le préfet est tenu de prendre l'avis du comité ; mais si, invité à donner son avis, le comité ne l'a pas fourni dans les dix jours, le préfet peut passer outre.

« De plus, le préfet peut, seul, prononcer la réprimande et même la suspension avec ou sans traitement, et la suspension peut durer six mois ; tandis que, suivant la loi de 1833, la suspension pénale ne pouvait être que d'un mois, et surtout ne pouvait être prononcée, comme la réprimande, que par le comité.

« Le vœu d'une justice prompte et sévère a donc été pleinement réalisé par la loi du 11 janvier, au moyen des pouvoirs conférés aux préfets.

« Mais dans tout ce qui précède, apparaît-il en aucune manière que le législateur ait voulu enlever à l'instituteur accusé et si vivement poursuivi, si infailliblement atteint et frappé par l'homme de la loi, toute faculté de se défendre, tout moyen de se justifier et d'éviter une première condamnation, que son pourvoi n'empêcherait pas d'être exécutoire ?

« Loin de là, outre l'hommage implicite rendu par l'article 7 de la loi du 11 janvier au droit naturel de la défense, deux autres articles de cette même loi rappellent formellement l'article 23 de la loi du 28 juin 1833 comme devant être la règle du comité d'arrondissement, quand il donne son avis sur un cas de révocation, ou (article 3) quand il prononce une suspension (article 6) ; et comme nous l'avons déjà rappelé, cet article 23 de la loi du 28 juin veut que l'instituteur soit *entendu ou dûment appelé*.

« On a dit encore que si la loi du 11 janvier avait voulu l'audition préalable de l'accusé, dans les cas où l'article 3 attribue au préfet le droit de répression, elle aurait ajouté dans ce même article les mots qu'elle a insérés à l'article 6 pour les cas où le droit de suspension est conservé au comité.

« En effet, quand il s'agit du sort des fonctionnaires publics, la loi ne saurait être trop précise et trop claire ; les répétitions sont alors de bon goût et d'une haute raison. Mais d'une part, l'article 7 a réparé cette omission apparente ; et d'autre part, on concevrait difficilement que l'audition de l'accusé, prescrite pour le cas d'une simple suspension prononcée par tout un comité, fût regardé comme inutile pour le cas d'une suspension ou d'une révocation prononcée par un seul homme.

« Dans les différents discours et rapports qui ont précédé, accompagné ou suivi la discussion des lois du 11 janvier ou du 15 mars 1850, il a bien été dit qu'il fallait simplifier, abréger, accélérer les formes de la juridiction disciplinaire qui doit régir l'instruction publique, soit primaire, soit secondaire. Aucune voix, que nous sachions, aucune voix ne s'est élevée pour demander qu'un accusé quelconque pût être puni sans avoir été entendu ou appelé.

« Tout le monde a compris qu'à la différence de ce qui a lieu pour les carrières purement administratives, où les mouvements du personnel sont et doivent être arbitraires, sans autre raison de décision que l'intérêt du service, dès qu'il y a faute imputée, punition encourue, peine infligée, ainsi que l'a dit, avec son calme habituel et son esprit d'équité, un des jurisconsultes membres du conseil, il doit y

fois passionnées et ignorantes que nous sommes condamnés à entendre [1], » il maintenait énergiquement les deux parties de son programme :

« Affermissement de cette grande et forte institution de l'Université, dans un temps où tout s'affaiblit et se rapetisse;

« Établissement franc et loyal, en face de l'Université, de la seule chose qui lui ait manqué, la libre concurrence de l'enseignement privé [2]. »

Certes, la loi de 1850 donnait plus largement satisfaction à la seconde partie du programme qu'à la première. Elle heurtait, en outre, les idées de M. Rendu sur bien des points de détail. Cependant si les membres du nouveau conseil n'étaient plus choisis exclusivement parmi les fonctionnaires de l'Université, et ne deve-

---

avoir faculté de se défendre, moyen de repousser l'accusation et d'éviter une flétrissure.

« Ni tribunal, ni comité, ni préfet, ne sont à l'abri de l'erreur; ni tribunal, ni comité, ni préfet ne peuvent se dispenser d'employer le plus sûr moyen d'échapper à l'erreur, l'audition de l'accusé. Le mot de Thémistocle, *frappe*, *mais écoute*, est de tous les lieux, de tous les temps, de tous les régimes.

« Le soussigné ajoutera une dernière réflexion.

« Le silence que la loi transitoire du 11 janvier 1850 a gardé sur la nécessité pour le préfet d'entendre ou de faire entendre un accusé dans ses moyens de défense, la loi définitive du 15 mars l'a de même gardé, soit dans l'article 33, où elle attribue au recteur le droit de réprimander, suspendre avec ou sans privation totale ou partielle de traitement, ou même révoquer l'instituteur communal; soit dans l'article 76, où elle statue que le ministre prononce disciplinairement contre les membres de l'instruction secondaire publique, suivant la gravité des cas, la réprimande, la censure, la mutation pour un emploi inférieur, la suspension des fonctions pour une année, avec ou sans privation totale ou partielle de traitement (§§ 1, 2, 3, 4, 5).

« Faudra-t-il conclure de ce silence de la loi, qu'ils équivalent pour le ministre, et même pour le recteur, à la suppression expresse et formelle de la nécessité d'entendre ou de faire entendre, avant de prononcer leur sentence, l'instituteur ou tout autre fonctionnaire inculpé?

« Le soussigné, d'accord avec le conseil dans ses deux premières décisions, persiste à penser que cela n'est pas possible.

« Pas le plus léger blâme n'est adressé à un magistrat, pas le moindre avertissement n'est donné à un avocat, sans que l'un et l'autre aient été mis en demeure d'éviter, par des explications sur leur conduite ou sur leurs discours, cet avertissement ou ce blâme. Par quelle raison la dignité humaine serait-elle moins respectée dans les hommes préposés à l'éducation de la jeunesse? Par quelle raison les instituteurs communaux et les autres fonctionnaires du corps enseignant seraient-ils exposés à être réprimandés, censurés, dégradés suspendus, révoqués même quant aux instituteurs, sans avoir été seulement entendus ou appelés?

« Non, cela n'est pas possible. »

1. Lettre du 7 février 1850, à M. Jules Simon, qui avait été rapporteur de la commission chargée en 1849 de préparer une loi organique sur l'enseignement.

2. *Ibid.*

naient plus, en y prenant place, partie intégrante de l'antique
corporation, du moins la *section permanente* y représentait la tradition et avait mission de la sauvegarder ; si l'Université n'était plus
principe unique, et puissance souveraine, elle subsistait comme
l'élément le plus fort du progrès général, comme institution entre-
tenue par le gouvernement pour acquitter la dette de l'État, proposer un modèle, stimuler la concurrence en élevant le niveau de
l'enseignement. Si elle n'était plus l'État *gouvernant*, elle était encore
l'État *enseignant*[1]. De plus l'entrée au conseil d'un certain nombre
d'évêques, en reportant la pensée du collaborateur de M. de Fontanes, au temps où l'Église avait été appelée par Napoléon Ier à concourir avec l'État au gouvernement de l'instruction publique, lui
faisait espérer le retour de l'Université aux traditions de 1808 et
à l'esprit de son origine.

M. Rendu accueillit donc, sinon avec plaisir, du moins sans ré-
pugnance, la loi du 15 mars 1850 ; il s'efforçait d'y voir « un pacte
de famille, un traité d'alliance entre deux puissances amies qui se
proposent un même but et qui veulent y marcher de concert. »

Toutefois, prévoyant les changements radicaux qui devaient
suivre ; arrivé d'ailleurs à cet âge où nos pères avaient coutume de se recueillir *afin de mettre un intervalle entre la vie du
temps et l'éternité*, le vétéran de l'ancienne Université impériale
ne se résigna point à suivre, dans une transformation nouvelle[2],
la grande institution dont il avait été un des fondateurs, et dont
jusqu'au bout il était resté le soldat. Il se décida, au mois de
juin 1850, à renoncer aux fonctions qui avaient fait l'honneur

1. M. de Parieu disait à la tribune : « Il y a toujours eu, dans l'Université, deux parties distinctes, reliées sans doute, mais profondément séparées sous d'autres rapports :
l'enseignement, et à côté, une administration supérieure. Le vaste édifice de l'enseignement donné au nom de l'État, ce majestueux ensemble d'établissements qui comprend 43 facultés, 52 lycées, 312 collèges communaux et une multitude d'écoles primaires, tout cela est maintenu, rien n'est touché par la loi actuelle. Ce qui est modifié,
c'est l'administration supérieure qui, anciennement, gouvernait un régime exclusif,
et qui doit s'appliquer aujourd'hui à l'inspection et à la surveillance des établissements libres et des établissements de l'État tout ensemble. » (14 février 1850.)

2. En 1845, M. de Salvandy avait, comme on sait, remis en vigueur les articles du
décret de 1808 relatifs à la composition du conseil. Dans cette réorganisation, M. Rendu
avait reçu le titre, désormais purement honorifique (la dotation de l'Université ayant
été réunie aux fonds généraux), de *trésorier de l'Université*. Avant ce retour partiel à
la tradition, M. Rendu contre-signait les arrêtés du conseil sous ce protocole : *Le conseiller exerçant les fonctions de chancelier*.

de sa vie, et à abriter sa forte vieillesse dans une retraite où devaient le suivre les regrets et la vénération de tout le corps enseignant[1].

1. Les journaux de l'instruction publique ne furent pas les seuls à saisir cette occasion de rendre hommage à M. Rendu. «Nous ignorons, — ainsi s'exprimait *la Presse*, — pour quels motifs l'honorable doyen de l'Université refuse de faire partie du nouveau conseil supérieur. Ce que nous savons, c'est que la vieille Université, en voyant s'éloigner un de ses chefs les plus éminents, perd en lui un de ses membres à la fois les plus dévoués et les plus libéraux. M. Rendu a été dans les hautes régions de l'Université, nous ne l'apprenons à personne, un des plus fermes défenseurs de toutes les idées d'avenir. Les esprits indépendants verront avec douleur la retraite de M. Rendu. »

« Nous ne reproduirons pas ces lignes (l'article du *Moniteur* qui annonçait la retraite de M. Rendu), disait le *Pays*, sans saisir l'occasion de rendre hommage au caractère de l'honorable conseiller. On sait ce que doit l'instruction publique en France aux travaux de M. Rendu, et l'influence que la haute position où il fut appelé dès la création de l'Université lui a permis d'exercer sur la direction générale de l'enseignement. Ce dont nous tenons à remercier M. Rendu, au nom des libéraux conservateurs, c'est la courageuse persévérance avec laquelle il a défendu, au sein de l'Université, des intérêts trop souvent méconnus, etc. »

XIV

Au moment où il se démettait des fonctions publiques, M. Rendu
était frappé dans une affection qui avait été depuis quarante-deux
ans sa joie et son orgueil : Mme Rendu lui fut enlevée par une maladie presque foudroyante.

Ma mère (s'il est permis à une main filiale d'écarter discrète-
ment les voiles qu'une sorte de pudeur sacrée jette sur les vertus
maternelles), ma mère n'avait pas été seulement pour mon père la
compagne des jours de bonheur et la consolation des jours d'é-
preuves ; elle avait paru, à ses côtés, comme la *femme forte* dont
parle l'Écriture. Sa mort mit le sceau aux enseignements de sa
vie. Au moment suprême, quand déjà les lueurs de l'éternité se le-
vaient sur elle ; devant toute une famille émue d'admiration autant
que de douleur ; comme les patriarches des anciens jours, cette
chrétienne magnanime éleva fermement la voix, et dit : « Seigneur,
j'ai remis mon esprit entre vos mains. Vous le savez, je n'ai jamais demandé pour les miens ni honneurs ni richesses ; mais à
cette heure encore je vous demande que la foi reste en eux ! Plusieurs choses sont bonnes, plusieurs sont utiles, mais une seule
est nécessaire.... » et elle expira.

Une telle mort acheva de détacher de tous les liens de la terre
une âme qui déjà lui appartenait si peu :

« Je pense à vous avec tristesse, écrivait à M. Rendu (7 novembre 1850) un ancien
et illustre collègue, M. Villemain, et je relis la lettre touchante que vous avez
bien voulu m'écrire. Ayant connu votre heureuse union, comment ne sentirais-je
pas la grandeur de votre perte ? Vous perdez l'héroïque compagne de votre vie,
celle qui partageait tous vos sentiments, toutes vos bonnes œuvres, la mère de
votre belle famille. Les consolations si grandes qui vous entourent ne peuvent
suppléer ce qui vous manque ; et au milieu de vos nombreux enfants vous souf-

11

frirez toujours de cette solitude que vous déplorez. Une seule pensée, une seule espérance qui vous est aussi fortement présente qu'à personne dans le monde peut adoucir une telle affliction : qu'elle rende bonnes pour vous les années de repos ou plutôt de libre travail que vous réserve encore le sage emploi de votre vie ; et qu'elle vous fasse jouir ainsi dans la retraite du bonheur de servir efficacement ce qui vous est le plus cher! »

Servir ce qui lui était le plus cher : c'était bien là, en effet, le programme que se traçait M. Rendu, au moment où, comme il aimait à le redire, « il entrait sous les portiques de l'éternité. » A partir de 1850, il n'eut plus qu'une pensée : consacrer directement à Dieu, comme un dernier hommage, le travail qu'une vieillesse encore sans déclin lui permettait d'entreprendre ; et avec une passion dont nul autre soin ne comprimait l'élan, il se voua aux études d'érudition sacrée qui devaient couronner dignement une vie pleine d'œuvres.

« Figure-toi ma joie de vieil écolier, écrivait M. Rendu à un ami, avec cette gaieté douce qui lui était habituelle, quand j'ai vu, en ouvrant ma Bible hébraïque, que j'allais pouvoir relire en original la sainte Écriture, et que ce travail de traduction et de commentaire où se résument aujourd'hui tous mes vœux ne serait sans doute point au-dessus de mes forces. Le temps se dévore dans mon paisible avenir, comme il s'est dévoré dans mon laborieux passé. » — Et huit années durant, M. Rendu se voua sans relâche au labeur où son ardente piété se nourrissait des fruits de la science. A part les distractions fortifiantes de la vie de famille, à part aussi quelques lectures se rattachant à ces questions universitaires qui avaient captivé sa vie, et dont il suivait, non sans une émotion inquiète, les vicissitudes trop variées, il n'accordait à nul intérêt de ce monde le droit de pénétrer dans le sanctuaire intérieur que gardaient les pensées d'en haut. Quand on le pressait de ménager ses forces et de se donner quelques loisirs : « Me reposer! répondait-il avec Arnaud ; eh! n'avons-nous pas l'éternité pour cela? » Ce n'était pas sans admiration que ceux qui approchaient M. Rendu, dans les dernières années, contemplaient ce noble vieillard, debout encore, et les mains au travail, longtemps après l'heure du repos, compulsant les textes grecs et hébreux, et dans le silence d'une étude qui était pour lui une prière, accomplissant une œuvre dans laquelle il portait, avec les austères doctrines de ses pères, cette foi soumise et forte que notre âge ne connaît presque plus. C'est entre soixante-douze et quatre-vingts ans que l'ancien serviteur de l'Université mena à bien cette traduction et ces commentaires des Psaumes qui suffiraient à honorer une vie[1].

La vieillesse n'est vraiment grande que lorsqu'elle connaît sa grandeur, et qu'elle a conscience de sa dignité. Les cheveux blancs sont la couronne que Dieu pose sur la tête des combattants de la vie. Mais cette couronne n'a son éclat, que lorsque sur elle vient se projeter le rayon des espérances éternelles; et ceux-là seulement la portent avec honneur, qui acceptent les conditions morales de cette royauté du temps :

> .... La mente nostra, pellegrina
> Piu dalla carne, e men' da' pensier' presa,
> Alle sue vision quasi è divina[2].

> (*Purgat.*, c. IX, 6.)

Si dans une époque féconde en luttes et en agitations, on vit une vieillesse entourée de cette calme auréole, assurément ce fut celle de l'homme vénérable dont nous achevons, d'un crayon imparfait, d'esquisser pieusement la figure. « Notre siècle n'a plus de vieillards, » disait Chateaubriand dans un accès d'humeur contre lui-même. Chateaubriand n'eut pas prononcé ce mot s'il eût vu la vieillesse de celui dont il avait connu les jeunes années. La vie

---

1. 2 vol. in-8. — Le *Journal des Débats*, par la plume savante de M. Daremberg, appréciait ainsi l'œuvre dernière de M. Rendu : « On y retrouve cette séve puissante qui circule, pour ainsi dire, dans toutes les pages des Duguet et des Le Maistre de Sacy ; on y retrouve aussi cette teinte littéraire que M. de Fontanes admirait déjà dans la traduction de la *Vie d'Agricola*. Il ne fallait rien moins que ces qualités réunies pour rendre « cette pompe et cette suavité » qui transportaient Bossuet d'admiration.
« M. Rendu n'est pas seulement un littérateur, c'est avant tout un chrétien, et un chrétien familier avec l'Écriture sainte, habitué à y retremper sans cesse et sa foi et ses espérances. Pour nos lèvres amollies, la saveur de la parole divine semble trop acerbe, et la piété contemporaine va chercher des breuvages plus doux. Aussi, avec le goût des livres saints, on voit s'éteindre les mâles traditions qui donnaient à la vie morale un incomparable éclat Et pourtant il suffit de lire les commentaires dont M. Rendu a accompagné sa traduction pour se convaincre que les psaumes médités, expliqués de siècle en siècle, satisfont la dévotion la plus exigeante et répondent aux plus vives ardeurs de la foi. Rien de plus solide que les réflexions empruntées tantôt aux docteurs les plus célèbres de tous les âges, et tantôt aux propres méditations de l'auteur. Ces commentaires, modestement intitulés : *Notes et réflexions*, sont un véritable trésor. »

2. Notre esprit, plus étranger à la chair, et moins pris par des pensers terrestres, est presque divin dans ses visions.

n'avait jamais été pour M. Rendu que la recherche et l'accomplissement du devoir. Il l'avait considérée, selon la belle expression de
M. de Tocqueville, « non comme un plaisir, ni une douleur, mais
comme une affaire grave qu'il faut conduire et terminer à notre
honneur. » Ayant accompli sa tâche, d'une volonté à la fois douce
et forte; n'ayant connu ni l'ennui qui naît du vague de la pensée et
de l'incertitude du but, ni les déceptions qu'enfante la ruine de
projets ambitieux; ayant accepté toute mission comme une charge
imposée par Dieu, n'en ayant recherché aucune comme une satisfaction d'amour-propre[1], dans cette atmosphère de soumission
constante à la pensée divine, il avait contracté un calme intérieur
qui, se reflétant sur une physionomie d'ailleurs pleine de noblesse,
composait un type achevé du Sage et du Chrétien. « Je suis à la
fin de ma journée, disait-il avec simplicité; j'attends de la misé-
ricorde de Dieu le salaire de mes pauvres efforts. »

C'est dans cette paix de l'âme, dans cette sérénité de tout son
être, que M. Rendu s'acheminait vers l'heure dont son courage
chrétien invoquait les mystérieuses grandeurs, bien loin de les
redouter. Après qu'il eut achevé son vaste travail sur les Psaumes,
ses forces commencèrent à décliner rapidement. Au commencement de l'année 1860, une cruelle épreuve fut imposée à sa ré-
signation. Lui à qui sa foi, en présence de la mort qu'il regardait
en face, eût dicté de puissantes paroles ; de qui les derniers accents
eussent retenti comme une leçon suprême et comme un solennel
enseignement, il se vit atteint d'une paralysie qui frappait sa langue d'une insurmontable et presque constante immobilité. Le calme
de son esprit et de son visage n'en fut point altéré. Et quand, de
temps à autre, ses lèvres pouvaient s'entr'ouvrir, c'était pour laisser échapper vers le ciel un acte de remercîment « en raison, disait-il, des grâces dont il n'avait cessé d'être comblé. »

Dans les quinze jours qui précédèrent sa mort, il ne vécut plus
qu'avec lui-même et avec Dieu; et ses regards seuls furent les in-

---

1. M. Rendu était désigné, en 1840, pour aller représenter et défendre au conseil
d'État les intérêts de l'Université. Le poste de conseiller d'État, le seul qui pût lui
être offert, ne s'étant point trouvé vacant, M. Rendu, mettant de côté toute pensée
personnelle, voulut bien consentir à siéger au conseil comme simple maître des requêtes. « Sous ce titre, comme sous un autre, dit-il, je rendrai quelques services. »

terprètes d'une pensée qui ne se détachait des êtres chers dont il était entouré que pour s'unir à ceux qui l'avaient précédé dans le repos éternel. La religion qui avait inspiré toute son existence, soutint sa muette agonie : le jour de sa mort[1], ses yeux ne se détachèrent point du crucifix; à défaut de ses lèvres, ils semblaient redire le distique fameux dont le ferme chrétien s'était plu à faire, longtemps à l'avance, l'invocation de sa dernière heure :

> Te spectem suprema mihi cum venerit hora;
> Te teneam moriens deficiente manu!

Tel fut M. Ambroise Rendu, « un de ces hommes rares, a écrit un juge qui est en droit d'être sévère[2], comme le siècle n'en produit plus : docte, simple, noble et bon; au niveau des plus habiles par ses connaissances, toujours candide par le cœur; riche d'une science sérieuse et vraie, mais apte à entrer dans la gloire éternelle par la porte des humbles. » Son existence se consuma tout entière au profit des devoirs; il n'en réserva pas la moindre part pour les succès de l'amour-propre. Tout en elle fut du sage qui veut être, rien de l'homme vain qui cherche à paraître. Là où d'autres tenaient à briller, il se contentait de faire le bien; jamais il ne connut l'art profitable de se servir de la vérité au lieu de la servir.

Si donc il est des vies plus éclatantes que celle dont je viens de retracer les traits, je n'en connais ni de plus pure ni de plus utile, dans le sens élevé de ce mot. Résumant en elle l'histoire de l'Université pendant toute la première moitié du siècle, elle est un témoignage qu'amis et ennemis de cette grande institution ne peuvent faire autrement que d'invoquer; consacrée tout entière au service de Dieu et de la société, dans l'exercice des hautes fonctions publiques, elle est, pour les chrétiens, un exemple et un argument. Une telle vie méritera les respects et provoquera des hommages tant que la grandeur morale, dégagée des grandeurs factices, aura, dans notre société, conservé tout son prix; et ceux qui ont

1. 12 mars 1860.
2. S. Ém. le cardinal-archevêque de Besançon.

l'honneur de porter le nom de M. Rendu ne seront pas seuls à redire, en bénissant une si noble mémoire, les mémorables paroles de l'historien romain : « Repose en paix; et nous qui sommes ta famille, élève-nous des lâches regrets et des lamentations pusillanimes à la contemplation de ces vertus qui ne permettent ni la douleur ni les larmes. C'est en les admirant, et si nous en avons la force, en les imitant, que nous voulons te glorifier.... Tout ce que nous avons aimé, tout ce que nous avons admiré en toi subsiste, et subsistera dans le souvenir des hommes[1]. »

1. TACITE, *Agricola*.

FIN.

TABLE DES MATIÈRES.

FIN DE LA TABLE DES MATIÈRES.

Paris. — Imprimerie de Ch. Lahure et Cie, rues de Fleurus, 9, et de l'Ouest, 21.